AF486984

✳ ❈ ❈ ❈ ❈ ❈ ❈ ❈ ❈ ❈ ❈ ❈ ✳

GUIA DE ENTREVISTA

Guía Completa Para Principiantes Para Responder Preguntas Comunes De La Entrevista, Consejos De Preparación Y Técnicas Para Responder Preguntas

✳ ❈ ❈ ❈ ❈ ❈ ❈ ❈ ❈ ❈ ❈ ❈ ✳

Blaine Robertson

© **Copyright 2021 - Todos los derechos reservados.**

El contenido de este libro no puede ser reproducido, duplicado o transmitido sin el permiso por escrito del autor o el editor.

En ninguna circunstancia se culpará o se responsabilizará legalmente al editor o al autor por daños, reparaciones o pérdidas monetarias debidas a la información contenida en este libro. Ya sea directa o indirectamente.

Aviso Legal:

Este libro está protegido por derechos de autor. Este libro es solo para uso personal. No puede enmendar, distribuir, vender, usar, citar o parafrasear ninguna parte o el contenido de este libro, sin el consentimiento del autor o editor.

Aviso de exención de responsabilidad:

Tenga en cuenta que la información contenida en este documento es solo para fines educativos y de entretenimiento. Se han realizado todos los esfuerzos para presentar información precisa, actualizada y confiable. Ninguna garantía de ningún tipo está declarada o implícita. Los lectores reconocen que el autor no participa en la prestación de asesoramiento legal, financiero, médico o profesional. El contenido de este libro ha sido derivado de varias fuentes. Consulte a un profesional con licencia antes de intentar cualquier técnica descrita en este libro.

Al leer este documento, el lector acepta que en ninguna circunstancia el autor es responsable de cualquier pérdida, directa o indirecta, en que se incurra como resulta-do del uso de la información contenida en este documento, incluidos, entre otros, los errores, omisiones, o inexactitude.

Tabla de Contenidos

Introducción

Buscar un trabajo es a menudo un proceso muy largo. Desde enviar su carta de presentación y currículum a entrar y sentarse para una entrevista cara a cara, el proceso a veces puede tomar hasta varios meses. Y aunque cada paso es importante, hay un paso que es quizás el más importante: la entrevista.

El concepto detrás de una entrevista es simple: en su forma más simple, es sólo una conversación o interacción entre una persona que busca un trabajo y una persona que busca contratar a alguien para un trabajo. Pero una entrevista es mucho más que una simple conversación entre dos personas. Una entrevista proporciona una oportunidad para que el candidato se reúna e impresione a su empleador potencial. Además, a menudo determina si se ofrecerá o no al solicitante el trabajo.

Una entrevista es útil tanto para el empleador como para el candidato. Para el empleador, es una oportunidad para conocer al candidato y determinar si es un buen ajuste para el puesto. Para el candidato, es una oportunidad para observar el ambiente de trabajo y decidir si el trabajo es lo que está buscando.

Hay mucho montando en una entrevista exitosa, y muchas personas a menudo se sienten intimidadas cuando se enfrentan a una próxima entrevista. Pero manejar una entrevista no tiene que ser aterrador. Hay pasos simples que cualquiera puede tomar para ayudarles a una entrevista y con suerte asegurar su trabajo deseado. La clave del éxito es simple: prepararse. Si te tomas el tiempo para prepararte para la entrevista, caminarás en millas por delante de la mayoría de los otros candidatos. ¿Y el primer paso para prepararse? Entender qué es una entrevista y por qué es tan importante.

El propósito de una entrevista

Hay cuatro propósitos principales de una entrevista.

Una entrevista le da al empleador la oportunidad de conocer al posible empleado y discutir sus calificaciones y nivel de experiencia. Permite al empleador decidir si el candidato es la mejor persona para el trabajo.

Permite a la persona que busca un trabajo aprender más sobre la empresa y el puesto que le interesa. Puede aprender más sobre el puesto y discutir con el empleador por qué es el más adecuado para el trabajo.

Sirve como una herramienta para la selección de candidatos para próximas entrevistas.

Funciona como un punto donde se toman decisiones de contratación.

Las fases de una entrevista

El proceso de entrevista puede ser bastante intimidante si usted no está familiarizado con el proceso. Si bien la mayoría de las entrevistas difieren entre sí en ciertos aspectos, todas implican las siguientes tres fases.

Antes de una entrevista

La preparación es clave para todas las tareas importantes, y una entrevista no es una excepción. Es esencial prepararse para la entrevista si quieres ser contratado. Muchas personas, sin embargo, a menudo pasan por alto esto y no logran su objetivo. Puede seguir estos consejos para asegurarse de que está lo más preparado posible.

Conozca a sí mismo: Considere qué tan bien sus habilidades, intereses, valores, experiencia y educación coinciden con el tipo de posición y organización con la que está entrevistando.

Conocer al empleador: Investigar y averiguar todos los detalles sobre la organización, el puesto y el entrevistador. Familiarícese con el trabajo de la organización, el rango salarial, el puesto de trabajo y las condiciones del lugar de trabajo. Usted debe conocer la misión y los objetivos de la firma y el título y nombre completo del entrevistador. Todo esto le permitirá hacer preguntas bien informadas durante la entrevista.

Hay un montón de recursos para ayudarle con esta investigación. Puede hacer uso de la literatura publicada por los empleadores, como informes anuales, hojas informativas y folletos. También puede visitar su sitio web donde puede encontrar una descripción de sus organizaciones y una lista de oportunidades de trabajo.

Reunir toda esta información no solo le ayudará a prepararse para la entrevista; también ayudará a reducir su ansiedad.

Presentar una apariencia limpia: Asegúrese de dormir bien la noche antes de la entrevista. Asegúrate de que tu apariencia esté limpia y ordenada el día de la entrevista. Su cabello debe estar limpio, las uñas y los dientes deben estar limpios, y la respiración debe ser fresca. No debe haber arrugas en su ropa, y sus zapatos deben ser pulidos. Evite usar colores llamativos, faldas cortas, blusas de corte profundo, joyas de ruidoso, colonia fuerte y maquillaje pesado.

Llegar a tiempo: La puntualidad es muy importante. Que sea un punto para averiguar la ubicación exacta y la hora de la entrevista. Decide la ruta que tomarás de antemano y sabe cuánto tiempo tardará en llegar al destino. Para asegurarse de que no se pierda, puede practicar ir a la ubicación unos días antes de la entrevista programada. Si usted toma el transporte público, todavía debe practicar ir allí unos días antes.

Llegue al menos 15 minutos antes de la entrevista. Esto le dará suficiente tiempo para refrescarse antes de conocer al entrevistador.

Otras cosas a tener en cuenta: Siempre debe ir solo a las entrevistas. No lleve hijos, cónyuges o amigos con usted. Lleve un bloc de notas y un par de bolígrafos o lápices de tinta. Guarda algo de dinero para el almuerzo y el estacionamiento. Asegúrese de traer copias de cartas de referencia, registros militares, su currículum y una forma de identificación.

Durante una entrevista

Una entrevista suele durar 45 minutos, pero puede ser más corta o más larga. La mayoría de las entrevistas incluyen una apertura o saludo, seguido de una pequeña charla, preguntas y respuestas, y luego un cierre.

Apertura o saludo: Una entrevista típica comienza incluso antes de entrar en la habitación. Por lo tanto, es necesario ser cortés y agradable con cualquier persona que conozca. Recuerda estar relajado cuando estés esperando a que el entrevistador te conozca. Tómese un tiempo para revisar su currículum y revisar sus notas. Echa un vistazo a la literatura de la compañía. No fume, mastique chicle, agachado en el asiento, o inquieto con la ropa, corbata, cabello, uñas o lápiz labial.

Charla pequeña: Usted es evaluado tan pronto como conoce al entrevistador. Cuando te presentan al entrevistador, se espera que le des la mano. No dudes en ser el primero en poner la mano adelante. Esto mostrará su asertividad. Debes referirte a tu entrevistador por su nombre, darle una sonrisa y saludarlo. Por ejemplo, puede decir: "Hola sr. James, soy David Smith". En esta coyuntura, usted se enfrentará al entrevistador directamente y él notará su vestido y postura. Puede notar si estás nervioso o tienes algunos manierismos molestos, así que trata de mantener la calma.

Manténgase de pie hasta que se le pida que tome asiento y le digan dónde colgar su abrigo. Mantenga una postura recta mientras está sentado, y mantenga los pies firmemente en el suelo. No muevas la pierna ni muevas constantemente los pies porque te hará parecer nervioso. Haga todo lo posible para mantener una apariencia segura. Mantenga su bloc de notas con usted y ponga cualquier otra cosa en el suelo al lado de su silla.

La mayoría de los entrevistadores comienzan la entrevista hablando sobre algunos temas generales como el clima o los deportes. Aunque estos no tienen nada que ver con sus habilidades, usted también es evaluado en ese momento. Los entrevistadores evalúan su capacidad para comunicarse de manera informal. Por lo tanto, es necesario responder verbalmente en lugar de sólo un guio y una sonrisa. Recuerde: Esto tiene que ser una conversación. No se siente en silencio mientras el entrevistador hace una pequeña charla.

Pregunta y respuesta: La parte principal de la entrevista comienza cuando el entrevistador comienza a discutir la organización. Debe estar listo para responder y mantener una conversación durante casi 15 a 30 minutos mientras hace preguntas sobre sus calificaciones. El entrevistador dirige la conversación; por lo tanto, usted debe prestar atención a lo que se dice y dar una respuesta breve y precisa.

Sus respuestas deben estar relacionadas con el trabajo y sus habilidades. Puede mencionar algunos ejemplos de su trabajo anterior. Hable en inglés y manténgase alejado del uso del argot. Trate de no usar rellenos como "ya sabes", "uh", "um" o "este". Tu discurso debe ser claro, así que no murmures. No hables demasiado rápido o demasiado lento.

Prepárate con algunas preguntas para hacerle al entrevistador después de que te haya hecho preguntas. Asegúrese de hacer preguntas que den lugar a una respuesta positiva de su empleador y muestren su conocimiento e interés en el puesto.

No rehúya hacer preguntas. Hacer preguntas le muestra que prestó atención durante la primera parte de la entrevista. Sus consultas bien informadas impresionarán al empleador y demostrarán que usted está sinceramente interesado en la organización.

Cierre: La parte final dura unos cinco minutos, pero sigue siendo muy importante. Durante este tiempo, el entrevistador evalúa toda su actuación. Continúe siendo cortés y entusiasta. Se puede decir que la entrevista está terminando cuando el entrevistador susurra los papeles, mira su reloj, empaca sus pertenencias, se para o dice que ha obtenido todos los detalles que se requieren. Cuando usted nota tal comportamiento, una vez más expresar su agudeza por el trabajo, ponerse de pie, estrechar la mano con el entrevistador, y agradecerle por su tiempo y la oportunidad de entrevistar para el puesto. Sonríe y despídete. Permanezca confiado y educado hasta que esté fuera de la vista.

Después de una entrevista

No tenga la impresión de que la entrevista termina cuando sale de la oficina. El proceso de seguimiento aún debe completarse. Agradezca al entrevistador enviando una tarjeta de agradecimiento, una nota o un correo electrónico. También puede llamarlo por teléfono para darle las gracias. Esto mostrará su interés genuino en el trabajo.

Puede evaluar su experiencia después de la entrevista. Revise sus notas y piense en lo que podría haber hecho de manera diferente. ¿En qué área podría mejorar? ¿Hubo alguna pregunta que te costaba responder? ¿Cuál es su impresión de la organización? ¿Qué esperas que pase después? ¿Aún estás interesado en el trabajo?

Capítulo 1

Los Tipos de
Entrevistas de Trabajo

Un entrevista ocupa un lugar muy importante en la búsqueda de empleo. Los empleadores utilizan diferentes estilos de entrevistas para seleccionar al mejor candidato para el puesto. Si está familiarizado con los diferentes tipos de entrevistas, puede prepararse adecuadamente para ellas.

Muchos empleadores realizan varias entrevistas antes de ofrecer el trabajo a alguien. Esto les permite asegurarse de que han seleccionado al mejor candidato. A continuación se explican algunas formas comunes de entrevistas. Aunque todos son similares, tienen algunas diferencias importantes a tener en cuenta al prepararse para una entrevista.

Entrevista tradicional

La entrevista tradicional es una conversación donde el entrevistador y entrevistado se conocen para determinar si el trabajo es adecuado para el candidato. El entrevistador puede decidir si el entrevistado es el candidato adecuado, y el entrevistado puede decidir si el trabajo que es lo que está buscando.

La entrevista en persona es una conversación directa entre el candidato y el entrevistador. La entrevista comienza poco después de que se encuentran. Si bien la conversación es importante, también se transmite mucho a través del lenguaje corporal y las formas no verbales de comunicación. El atuendo también causa una impresión.

En las entrevistas tradicionales debe mantener un contacto visual con el entrevistador y responder a las preguntas que hace. No interrumpa mientras está hablando. Su objetivo es construir una relación con él y demostrar que usted está lo suficientemente calificado para contribuir a la empresa.

Entrevista informativa o exploratoria

Las entrevistas informativas o exploratorias son reuniones directas entre usted y algunas personas seleccionadas. Durante estas entrevistas, actúas como entrevistador y hablas con profesionales de tu carrera de interés sobre sus trabajos. El propósito de estas entrevistas es obtener información "insider" sobre una industria, organización, programa de capacitación u ocupación. Estas entrevistas son útiles para la exploración profesional. También son una gran manera de descubrir trabajos no publicitados. Son una de las mejores maneras de construir y mantener una red de contactos profesionales.

Entrevista en grupo

Las entrevistas grupales se llevan a cabo con un grupo de candidatos que están solicitando el mismo puesto. Los empleadores utilizan estas entrevistas para poner a prueba las habilidades de comunicación de los candidatos y ver qué tan bien interactúan entre sí. Estas entrevistas pueden realizarse durante dos horas o un día completo. Algunos pueden durar aún más y pueden incluir un ejercicio grupal en el que los candidatos trabajen juntos para resolver un problema.

Estas entrevistas están diseñadas para evaluar el potencial de liderazgo en los gerentes potenciales, así como los empleados que van a tratar con los clientes.

Los candidatos seleccionados son convocados para una entrevista informal. Después de presentar un tema, el entrevistador comienza la discusión.

Las entrevistas grupales se utilizan para ver cómo interactúas y utilizas tu razonamiento y conocimiento para influir en otros participantes.

Estas entrevistas ponen a prueba lo siguiente:

- Cualidades de liderazgo

- Capacidad para manejar el estrés

- Habilidades de comunicación e interacciones con otros miembros

- Capacidad para interactuar con los clientes

- Nivel de conocimiento

- Uso del conocimiento durante la discusión

Exprese su opinión durante la discusión, pero dé a otros la oportunidad de hablar. Ignora a los candidatos agresivos y a los que hacen comentarios personales. Evite participar en una conversación con una sola persona. Es bueno si puedes hacer una declaración final.

Entrevista con panel

Durante una entrevista de panel, un candidato es entrevistado por varias personas al mismo tiempo. Todos los entrevistadores se turnan para hacer preguntas al candidato. Estas entrevistas se utilizan generalmente para obtener múltiples opiniones sobre un candidato en particular.

Por lo general, las entrevistas con panel son realizadas por 3 a 10 miembros de la compañía. El panel de entrevistas puede incluir al supervisor de trabajo y a otros miembros del equipo. También puede incluir CEOs que pertenecen al nivel superior; sin embargo, eso depende del tipo de posición para la que está siendo entrevistado.

Las entrevistas con panel le dan la oportunidad de mostrar sus habilidades de presentación de grupo y gestión de grupos.

Trate rápidamente de entender las personalidades de los entrevistadores y adaptarse a ellos en consecuencia. Encuentra alguna forma de conectarte con cada uno.

Tómese su tiempo para pensar y responder a las preguntas. Mire al miembro que ha hecho la pregunta en particular y también a los demás en el panel mientras responde.

Entrevista conductual

Durante las entrevistas basadas en el comportamiento, los empleadores hacen preguntas para ver cómo se comportó o reaccionó en situaciones anteriores. A los candidatos se les hacen preguntas donde tienen que dar un ejemplo de comportamientos y actividades pasadas. Estas entrevistas permiten al empleador anticipar el rendimiento de la persona en el futuro en base a sus experiencias pasadas.

La premisa detrás de las entrevistas conductuales es que el comportamiento pasado de una persona puede ayudar a predecir sus acciones futuras. Las preguntas de comportamiento se pueden utilizar en cualquier forma de entrevistas, como entrevistas tradicionales, entrevistas telefónicas o entrevistas con panel.

Cuando el entrevistador le hace una pregunta orientada al comportamiento, no hace una pregunta hipotética. Busca una respuesta que se base en información fáctica.

Los entrevistadores quieren conocer los resultados de su comportamiento. No quieren que simplemente enumere las actividades. Parecen querer saber los nombres de las personas y los lugares, fechas, resultados y su papel en lograr ese resultado.

Las preguntas generalmente comienzan con "Dar un ejemplo" o "Contar acerca de."

Entrevista de estrés

El malestar y el estrés se crean y promueven intencionalmente en este tipo de entrevistas. Esto se hace para probar cómo reacciona un candidato bajo presión en situaciones difíciles.

El entrevistador puede ser argumentativo o sarcástico o puede hacerte esperar mucho tiempo. No te ofendas. Esté tranquilo y responda a todas las preguntas. Pida aclaraciones si es necesario. Nunca tenga prisa por responder.

A veces el entrevistador puede callarse repentinamente. Esto es para ver si te molesta sin tal comportamiento. En esta situación, siéntate en silencio y espera hasta que reanude la conversación. Si el silencio dura un minuto, puede preguntar al entrevistador si quiere que aclare su último comentario.

Entrevista para el almuerzo o la cena

Estas entrevistas se llevan a cabo durante una comida, normalmente almuerzo o cena. Ayudan a medir la capacidad de un candidato para conversar y mostrar la etiqueta adecuada durante una comida. Estas entrevistas tienen lugar en un ambiente más relajado. Usted puede dar respuestas largas durante tales entrevistas. Sin embargo, recuerda que alguien te está evaluando. Siga las reglas de buena etiqueta, elija alimentos que se pueden comer fácilmente y no beba alcohol. Lo más importante, concéntrese en su conversación.

Las mismas reglas que se aplican a una entrevista en una oficina todavía se aplican a estas entrevistas. A pesar de que el entorno es casual, todavía se está observando cuidadosamente.

Utilice la entrevista como una oportunidad para desarrollar una conexión con el entrevistador. Seleccione alimentos similares a su elección. Utilice esta comida como una oportunidad para hacer una conexión más personal de lo que es posible en una entrevista tradicional o grupal.

Segunda entrevista o visita al sitio

Este tipo de entrevistas también se conocen como "visitas al sitio". Son conducidos por el jefe del primer entrevistador o alguien en la gerencia. El propósito de estas entrevistas es determinar si usted será capaz de encajar con la cultura de la organización y ver si usted está genuinamente interesado en el trabajo.

Estas entrevistas se llevan a cabo en la ubicación de la empresa. Esto le permite conocer a los otros empleados. También le da al entrevistador la oportunidad de pasar más tiempo hablando con usted para ver si usted es el partido adecuado para el trabajo.

Pueden durar medio día, un día completo o posiblemente más.

Si la organización paga sus gastos de viaje, sea prudente y elija un moderado en lugar de un alojamiento de lujo, comida y transporte. Esto dará a los empleadores una buena impresión de usted

Entrevista de rendimiento o pruebas

El objetivo de las entrevistas de rendimiento o pruebas es ver qué tan bien puede manejar las tareas. A menudo se le pide que complete una tarea relacionada con el trabajo en un tiempo limitado. Durante estas entrevistas, solicite instrucciones claras, revise su trabajo y entregue el mejor producto posible.

Chequeo

Esta es una entrevista inicial que está diseñada para filtrar a los candidatos aceptables de un gran grupo de solicitantes. Este método es utilizado principalmente por los oficiales a cargo de los recursos humanos para determinar si un candidato es digno de pasar a los siguientes pasos en el proceso de solicitud.

Entrevista cibernética

Las entrevistas cibernéticas duran 30 minutos y tienen dos variaciones. Pueden ser conducidos por una computadora donde se le hacen preguntas sobre sus metas profesionales, antecedentes e historial laboral. También se pueden realizar a través de una llamada telefónica gratuita donde usted tiene que responder 25 preguntas después de pulsar un botón.

Feria de Empleo

Las ferias de empleo le ofrecen una breve oportunidad de conocer a su posible empleador. También puede obtener información relacionada con la organización.

Entrevista telefónica

Las entrevistas telefónicas se utilizan para una selección inicial de los candidatos para decidir si vale la pena una entrevista completa. Los días y horarios se fijan de antemano.

Entrevista por videoconferencia

Las entrevistas de videoconferencia se utilizan a menudo como una versión más personal de una entrevista telefónica.

En este tipo de entrevista, los reclutadores llevan a cabo entrevistas a los solicitantes directamente a través de una videollamada.

Entrevista in situ o fly-In

Para los trabajos en los que necesita reubicarse, los empleadores pagan los gastos de viaje para que usted los visite. Esto se conoce como una entrevista in situ o fly-in. En estas entrevistas, saber de antemano quién pagará las cuentas y cuándo. Solicitar que la organización haga todos los arreglos de viaje. Recuerda empacar todo lo que necesitas para la entrevista. Después de llegar al lugar, exprese su interés por el puesto y la ciudad. No esté demasiado seguro y asuma que se le ofrecerá el trabajo sólo porque su visita ha sido pagada por el empleador. No lo considere unas vacaciones pagadas.

Situación o entrevista de caso

En esta entrevista, se describen una serie de escenarios. Los candidatos entonces tienen que describir cómo responderían a la situación. Este tipo de entrevista es utilizada por los empleadores para medir las habilidades de toma de decisiones.

El entrevistador le dará un resumen de algunos casos prácticos o situaciones y le pedirá que haga un plan para tratar el problema. Tendrá que demostrar habilidades para resolver problemas.

El entrevistador quiere ver cómo aplicas tus habilidades y conocimientos a situaciones de la vida real. Hable a través de su proceso en voz alta para que el entrevistador pueda entender su proceso de pensamiento.

En las entrevistas de caso, usted debe hacer preguntas para aclarar cualquier confusión y obtener más información antes de responder.

Anote sus pensamientos mientras trabaja a través del caso de estudio e impresione al entrevistador analizando y diseccionando el problema.

Capítulo 2

Investigación Sobre el Potencial Empleador

Se necesita mucha preparación antes de la entrevista. Esto incluye investigar la empresa para la que desea trabajar. Se recomienda que comience a investigar unas semanas antes de la fecha de la entrevista, ya que puede estar abrumado por la enorme cantidad de datos e información disponible sobre la empresa. Además de eso, alguna información puede requerir un poco de excavación adicional.

Si tiene varias entrevistas con diferentes empresas alineadas, mantenga una carpeta separada con información para cada empresa. Esto le ayudará a mantener los hechos organizados mientras hace investigación, y hará que la preparación para las entrevistas sea más fácil para usted.

Los hechos que debe averiguar acerca de la organización en particular

- El tamaño de la organización o el número de personas empleadas en la empresa

- La situación financiera o el crecimiento anual de las ventas en los últimos cinco años

- Visión, metas y declaración de misión de la empresa

- Productos y servicios ofrecidos por ella y sus clientes

- Sus posibles nuevos servicios y productos

- Sus competidores

- Su condición de empresa privada o pública y si es internacional, nacional o local

- Los antecedentes y características de los altos directivos

- Reputación o imagen pública de la firma

- El rango de la organización en la industria en particular

- Sus sociedades matrices o filiales

- Ubicación geográfica de las oficinas más pequeñas y la sede corporativa

- El estilo de vida regional o los costos de vida en el área donde se encuentra la firma

- Su estructura organizativa

- Su historia

- Cambios o logros significativos recientes

Los hechos que debe averiguar acerca de la posición particular

- Descripción funcional y detalles del trabajo

- El nombre del entrevistador y su ortografía correcta

- Esquema del programa de capacitación

- Detalles del proceso de contratación, incluidos los criterios de selección, los detalles sobre el calendario y la evaluación

- Beneficios que se derivan de ocupar el cargo, como beneficios relacionados con la salud, enfermedad, vacaciones, jubilación y seguro de vida

- Cualificaciones y habilidades requeridas para el puesto

- Carrera típica y rutas promocionales

- Salarios iniciales y formas de compensación

- Políticas relacionadas con las expectativas de viajes y reubicación

Fuentes que se pueden utilizar para este propósito

Hay una serie de fuentes que se pueden utilizar para investigar una organización.

- Sitio web de la empresa

- La cámara de comercio

- El centro profesional de una universidad

- Biblioteca

- Publicaciones comerciales

- Tus amigos y círculo social

- Profesorado en una universidad

- Directorios de empresas o industrias

- Secciones de negocios y finanzas de los periódicos locales

- El informe anual de la empresa

- Folletos de la organización

- Otros artículos de noticias sobre la empresa

Capítulo 3

Ejemplo de Preguntas
que son Hechas por los Empleadores

Las preguntas formuladas en una entrevista se pueden clasificar en cuatro grupos. Son:

- Preguntas para conocerte

- Preguntas para saber sobre su conocimiento y experiencia laboral

- Preguntas para averiguar la razón por la que está interesado en conseguir el trabajo

- Preguntas basadas en la competencia

Categoría 1: Relacionado con usted

En su mayoría son preguntas de apertura. Sin embargo, las consultas "basadas en usted" pueden aparecer en cualquier momento durante la entrevista, especialmente en las primeras entrevistas.

Están diseñados para descubrir un poco más sobre tu personalidad. A nadie le gusta la idea de trabajar con alguien con quien no puedan llevarse bien. Tienes que comercializarte y demostrar que eres digno de la posición.

Categoría 2: Relacionado con su conocimiento y experiencia laboral

Una gran parte de las preguntas formuladas en la primera entrevista pertenecen a esta categoría. El entrevistador los utiliza para conocer más detalles sobre usted.

Ayudan a un entrevistador a determinar si usted posee las habilidades necesarias para realizar realmente el trabajo. Se utilizan para evaluar si la experiencia laboral que tiene se adapta al trabajo, si sus conocimientos coinciden con los requisitos del trabajo y si hay una necesidad de capacitación.

Categoría 3: Relacionado con por qué está interesado en el trabajo

Su objetivo es averiguar sus razones para estar interesado en los trabajos.

Están destinados a ver si usted tiene un interés genuino en el puesto, son serios sobre el trabajo, y planean trabajar allí por un largo período de tiempo.

No es factible que un empleador siga renunciando un trabajo sólo porque los ocupantes anteriores no estaban interesados en el trabajo y sólo estaban buscando un puesto temporal.

Categoría 4: Relacionado con la competencia

Estos son un poco complicados y tienes que pensar correctamente antes de responder a ellos.

El objetivo de estas preguntas es ver si puedes apoyar lo que digas. A menudo se les pide durante las segundas entrevistas. Se espera que explique la forma en que manejaría varias situaciones en el trabajo con la ayuda de ejemplos de su experiencia laboral pasada.

Algunas preguntas comunes

1. Cuéntanos sobre ti.

2. ¿Cuál es tu trabajo ideal?

3. ¿Por qué está interesado en unirse a nuestra organización?

4. ¿Qué puede aportar a nuestra empresa?

5. ¿Cuáles son tus puntos fuertes?

6. ¿Cuál es tu mayor debilidad?

7. ¿Cómo se define el fracaso?

8. ¿Cómo se define el éxito?

9. ¿Te has enfrentado a algún fracaso? Cuéntanos lo que aprendiste de ellos.

10. ¿De qué tres logros estás más orgulloso?

11. ¿Quiénes son sus modelos a seguir? ¿Por qué los elegiste?

12. ¿Cómo se relacionan su educación y experiencia laboral con este puesto en particular?

13. ¿Qué es lo que más te motiva en cualquier trabajo?

14. ¿Alguna vez tuvo alguna dificultad con un profesor, compañero de trabajo o supervisor? ¿Cómo manejaste la situación?

15. ¿Por qué deberíamos elegirte?

16. ¿Qué te hace diferente de los otros solicitantes?

17. ¿Cuáles son las cosas que sabes de nuestra compañía?

18. ¿Qué te gustaría hacer en cinco o diez años?

19. ¿Cuál fue la razón para elegir su especialidad?

20. ¿Qué te impulsó a elegir tu universidad o universidad?

21. ¿En qué participaste durante tus años universitarios? ¿por qué?

22. ¿Qué fue lo más agradable de tu trabajo anterior? ¿Qué fue lo menos agradable?

23. ¿Alguna vez renunciaste a tu trabajo? ¿por qué?

24. Cuéntanos sobre una situación en la que resolviste un problema para tu empleador.

25. Cuéntanos sobre un momento en el que tenías que trabajar bajo la presión de un plazo ajustado.

26. ¿Cómo aprendiste acerca de esta oportunidad?

27. ¿Cuántos trabajos has tenido en los últimos cinco años?

28. Parece que cambias de trabajo muy a menudo. ¿Por qué es esto?

29. ¿Por qué quiere dejar el empleador con el que se encuentra actualmente?

30. ¿Tiene algún plan para continuar su educación?

31. Cuéntanos sobre un problema importante al que te enfrentaste y cómo lo abordaste.

32. ¿Cuál es tu mayor fracaso en la vida? ¿Qué te ha enseñado?

33. ¿Cuál es tu mayor logro en la vida? ¿Qué has aprendido de él?

34. ¿Realiza sesión mejor trabajando en grupos o solo?

35. ¿Prefieres ser el líder de un proyecto o simplemente trabajar como miembro del equipo? ¿por qué?

36. Si hay dos supervisores y uno de ellos dice que el trabajo debe hacerse inmediatamente, mientras que el otro dice que debe hacerse más tarde, ¿cuál sería su reacción?

37. ¿Cuál es el rango salarial que está buscando?

38. Si le preguntaran a su ex supervisor sobre su trabajo, ¿cómo lo describiría?

39. ¿Qué cree que nos diría su empleador actual sobre usted?

40. ¿Te han despedido en algún momento? ¿por qué?

41. ¿Estás listo para viajar?

42. ¿Estaría dispuesto a mudarse si fuera necesario?

43. ¿Qué es lo más importante que debemos saber sobre ti?

44. ¿Hay alguna pregunta que le gustaría hacer?

45. Cuéntanos un par de cosas que son muy importantes para ti en un trabajo.

La mejor manera de responder a estas preguntas

Estos son algunos consejos para responder a estas preguntas correctamente.

Pregunta: Cuéntanos sobre ti.

Respuesta: Recuerde que la entrevista está destinada a conseguir un trabajo y no es una entrevista personal o psicológica. Al hacer esta pregunta, el entrevistador está tratando de aprender acerca de usted y sus calificaciones. Así que usted debe hablar sobre su educación, actividades extracurriculares, y experiencia laboral.

Usted puede decir que usted es un destacado (o cualquier otro adjetivo positivo) XYZ (como software, ingeniería) profesional con diez (o cualquier número) años de experiencia en el campo. Usted está entusiasmado por tomar un trabajo donde puede lograr un cierto objetivo (como trabajar en un proyecto en particular o trabajar como asistente, supervisor o gerente) y ampliar su conjunto de habilidades. Al mismo tiempo, quieres aprender, crecer y contribuir a una empresa cuyos valores están en sintonía con tus ideas.

Pregunta: ¿Por qué está interesado en unirse a nuestra organización?

Respuesta: Si no tiene una respuesta para esta pregunta, puede perder la oportunidad de ser contratado. Por lo tanto, usted debe hacer algunas investigaciones sobre el empleador de antemano para que pueda responder adecuadamente. Esté preparado con toda la información sobre los objetivos, la filosofía, los planes de crecimiento, el registro de crecimiento, los clientes, los productos y las ubicaciones de la empresa. Además, sepa cómo valoran a sus clientes y empleados para dar una respuesta impresionante.

Pregunta: ¿Qué te gustaría hacer en cinco o diez años?

Respuesta: Esta pregunta está relacionada con sus ambiciones y objetivos profesionales. Quiere saber cómo piensas y qué es importante para ti. Basándose en su respuesta, él puede decir si usted tiene un interés genuino en la organización y el trabajo o si simplemente está buscando algún puesto temporal.

Pregunta: ¿Por qué deberíamos elegirlo a usted en lugar de a otro candidato?

Respuesta: Mientras responde a esta pregunta, recuerde subrayar lo que puede aportar a la organización. En lugar de decir que sería un placer trabajar para esa empresa, trate de hablar sobre los beneficios de contratarlo.

Pregunta: ¿Cuál fue la razón para dejar su trabajo anterior?

Respuesta: Usted debe dar una respuesta positiva. No se refiera a ningún problema con la gerencia ni critique a la organización, supervisores o compañeros de trabajo. Retratarás una mala imagen de ti mismo si dices algo negativo sobre ellos. Sonríe y da una razón positiva para salir, como la oportunidad de hacer algo mejor o la oportunidad de seguir adelante.

Pregunta: ¿Cuál es su experiencia laboral en este campo en particular?

Respuesta: Hable sobre algunas experiencias específicas relacionadas con el trabajo. Si no tiene experiencia en el campo en particular, hable sobre su experiencia con el trabajo que está estrechamente relacionado con el campo.

Pregunta: ¿Crees que eres una persona exitosa?

Respuesta: Siempre diga sí a esta pregunta y luego explique por qué. Durante su explicación, puede decir que ya ha logrado algunas de las metas que se ha fijado para sí mismo y que está en el camino para lograr los demás.

Pregunta: ¿Qué dirían tus compañeros de trabajo sobre ti?

Respuesta: El secreto para responder eficazmente a esta pregunta es estar listo con un par de citas o declaraciones de sus compañeros de trabajo. Puede mencionar alguna declaración o parafrasear lo que han dicho. Por ejemplo, puedes decir: "David Smith, mi compañero de trabajo, siempre ha dicho que soy uno de los trabajadores más duros que ha conocido".

Pregunta: ¿Qué esfuerzos has hecho para aprender cosas nuevas en el último año?

Respuesta: Hable acerca de qué actividades ha tomado que pueden ayudarle a rendir mejor en el trabajo. Puede elegir entre una amplia gama de actividades de superación personal.

Pregunta: ¿Ha solicitado algunos otros trabajos también?

Respuesta: Sea honesto, pero no dedique demasiado tiempo a esta respuesta. Concéntrese en ese trabajo y organización en particular. Los otros son una distracción.

Pregunta: ¿Conoces a alguien que trabaje aquí?

Respuesta: Debe estar familiarizado con la política de la empresa sobre los familiares que trabajan en la misma organización. Si conoces a alguien que trabaja allí pero no tiene una buena reputación, no menciones su nombre porque no quieres que su reputación se refleje en ti.

Pregunta: ¿Cuál es su salario esperado?

Respuesta: Esta es una pregunta cargada. Si cometes el error de responder primero, puedes perder el trabajo. En lugar de responder directamente, responda diciendo que es una pregunta difícil y luego pregúnteles cuál es el rango general para la posición en particular. Otra opción es decir que variará de acuerdo con los detalles del trabajo y luego cotizará una amplia gama.

Pregunta: ¿Eres bueno en el trabajo en equipo?

Respuesta: Responda siempre a esta pregunta con "sí". Prepárate para dar algunos ejemplos específicos de las veces que trabajaste en un equipo y lo bien que trabajaste con tus compañeros de equipo.

Pregunta: Si usted es contratado, ¿cuánto tiempo espera trabajar con nosotros?

Respuesta: No hay necesidad de dar una respuesta específica para esto. Puedes decir que te gustaría hacerlo durante mucho tiempo. De lo contrario, puede decir que le gustaría trabajar allí hasta que la organización y usted mismo sienta que su trabajo es satisfactorio.

Pregunta: ¿Alguna vez tuviste que despedir a alguien?

Respuesta: Tome esta pregunta en serio. No dé la impresión de que le gusta despedir a la gente, pero dejar claro que si la situación lo exige, puede manejar la situación.

Pregunta: Cuéntanos sobre tu filosofía de trabajo.

Respuesta: No hay necesidad de dar una disertación larga aquí. Dé una respuesta breve y positiva para mostrar que se preocupa por el progreso de la organización. Por ejemplo, puede decir que tiene un fuerte sentido del deber y siente que un trabajo debe completarse a tiempo.

Pregunta: ¿Alguna vez te pidieron que renunciaras a una posición?

Respuesta: Dar una respuesta honesta. Si tuvieras que renunciar a una posición, describa brevemente la situación. No digas nada negativo sobre la organización o las personas involucradas. Si no has tenido que renunciar a una posición, di que no. No hay nada malo en ser honesto aquí.

Pregunta: ¿Cómo será un activo para esta organización?

Respuesta: Prepárese de antemano para esta pregunta. Es una oportunidad para mostrar sus habilidades y explicar por qué usted es el mejor candidato para el trabajo.

Pregunta: ¿Su empresa alguna vez implementó con éxito alguna de sus sugerencias?

Respuesta: Esté preparado con al menos una sugerencia que hizo que se implementó correctamente en su trabajo anterior. Trate de pensar en una sugerencia que sea relevante para el trabajo que está solicitando.

Pregunta: ¿Qué es lo que más te irrita de tus compañeros de trabajo?

Respuesta: Esta es una pregunta de trampa. No digas lo que te irrita. Sólo afirma que te llevas bien con ellos.

Pregunta: ¿Cuál crees que es tu mayor fortaleza?

Respuesta: Puede elegir entre cualquiera de las siguientes respuestas positivas:

Su capacidad para:

Resolver problemas

Priorizar

Trabaje eficientemente en condiciones estresantes

Concéntrese en proyectos

Sus habilidades tales como:

Habilidades de liderazgo

Actitud positiva

Experiencia profesional

Puede hablar sobre sus fortalezas, como la capacidad de aprender nuevos conceptos rápidamente, comunicar sus ideas con claridad y centrarse en las metas. Al final, puede agregar que siempre está haciendo esfuerzos para mejorar.

Pregunta: ¿Cuál crees que es tu mayor debilidad?

Respuesta: La mejor respuesta a esta pregunta es que conoces las áreas en las que necesitas mejorar. Puede decir que necesita ser competente con el programa o la herramienta X, aprender a dar la retroalimentación apropiada a sus colegas o supervisor, o trabajar en la realización de múltiples tareas bajo presión. Por último, se puede decir que ha estado haciendo un esfuerzo para mejorar y ya se han vuelto mejores.

Pregunta: Cuéntanos sobre tu trabajo ideal.

Respuesta: No hables de un trabajo en particular. Si usted habla de algún otro trabajo puede sugerir que usted podría quedar insatisfecho después de ser contratado para este puesto. Por lo tanto, lo mejor es ser vago y decir que su trabajo soñado sería el que disfruta del trabajo, tiene compañeros de trabajo amables, puede aportar sus talentos, y espera ir a trabajar todos los días.

Pregunta: ¿Por qué crees que tendrás éxito en este trabajo?

Respuesta: Dar razones válidas y hablar sobre su experiencia y habilidades que están relacionadas con el trabajo para apoyar su respuesta.

Puede comenzar diciendo que va a ser un gran ajuste para el trabajo. Usted puede decir que la investigación que ha hecho sobre la empresa y los requisitos de trabajo le han convencido de que sus habilidades son adecuadas para el trabajo. Por último, puede agregar que está deseando conocer al equipo con el que trabajará, aprender cosas nuevas y contribuir a la empresa.

Pregunta: Entre el dinero y el trabajo, ¿qué es más importante para usted?

Respuesta: Se puede decir que el dinero es importante, pero no hay duda de que el trabajo es el más importante.

Pregunta: ¿Cuál diría su supervisor anterior que es su mejor atributo?

Respuesta: Puede elegir entre cualquiera de estas características positivas:

Lealtad

Actitud positiva

Energía

Liderazgo

Experiencia

Jugador del equipo

Paciencia

Iniciativa

Creatividad

Trabajo duro

Solución de problemas

Pregunta: Cuéntanos sobre algún problema que hayas enfrentado con tu supervisor.

Respuesta: Esta es una de las trampas más grandes. Está destinado a probar si va a hablar mal acerca de su jefe. No cometa el error de dar problemas específicos. Trate de olvidar los problemas que tuvo con sus superiores. Al explicar la situación, sea vago y no asigne la culpa.

Pregunta: ¿Por qué te has decepcionado en un trabajo?

Respuesta: Debido a que desea presentarse como un candidato positivo, no debe dar una respuesta negativa a esta pregunta. Algunas de las respuestas seguras pueden ser:

El trabajo no fue lo suficientemente desafiante.

La compañía no pudo obtener un contrato que podría haberle concedido más responsabilidad.

Estoy listo para seguir trabajando en un campo diferente.

Estoy listo para ampliar mis habilidades y experiencias.

Pregunta: Cuéntanos sobre tu capacidad para trabajar en condiciones estresantes.

Respuesta: Puede decirles que tiene la capacidad de trabajar bajo presión. Dar algunos ejemplos relacionados con el tipo de posición que ha solicitado.

Puedes decir que mientras te enfrentas a situaciones estresantes, te recuerdas a ti mismo que es una fase temporal o usas un enfoque práctico y tienes una comprensión clara de las cosas que puedes cambiar y las cosas que no se pueden cambiar. Hágales saber que usted sabe cómo y cuándo obtener ayuda de los miembros de su equipo, supervisores o gerentes.

Puedes usar esta pregunta para mostrar tu capacidad de mantener la calma en situaciones difíciles y para demostrar que posees una inteligencia emocional altamente desarrollada.

Pregunta: ¿Sus habilidades se adaptan mejor a este trabajo u otro?

Respuesta: Usted debe decir que son más adecuados para este trabajo. No les des la oportunidad de pensar que prefieres otro trabajo.

Pregunta: ¿Qué te motiva a dar lo mejor de ti en el trabajo?

Respuesta: Piense en sus rasgos personales al responder a esta pregunta. Algunas opciones son que usted disfruta de un desafío, aprecia el reconocimiento o el logro del valor.

Usted puede decir que usted está motivado por la idea de hacer felices a los clientes o para abordar varios problemas y encontrar soluciones significativas para ellos. También puede agregar que cree que es posible hacer todo esto mientras trabaja en el trabajo en particular.

Pregunta: Si hay una necesidad de reubicarse, ¿estás listo para ello?

Respuesta: Usted debe discutir esto en casa antes de la entrevista. No cometa el el error de decir que sí sólo para obtener la posición. Si no desea mudarse, entonces sea honesto. Esto le salvará de cualquier problema profesional que pueda ocurrir en el futuro.

Pregunta: ¿Está preparado para dar prioridad a los intereses de la organización en lugar de a los suyos?

Respuesta: Esta pregunta está relacionada con la dedicación y lealtad hacia la organización. No es necesario pensar en sus implicaciones filosóficas o éticas profundas. Usted puede dar una respuesta afirmativa.

Pregunta: Describa su estilo de administración.

Respuesta: Evite usar las etiquetas comunes como "consenso", "progresivo" o "vendedor". Estos pueden tener diferentes significados. Lo mejor es decir que se utiliza el método situacional en el que se manejan las cosas de acuerdo con las situaciones.

Pregunta: En caso de que alguna vez contrate a un individuo para este puesto, ¿qué buscará en el candidato?

Respuesta: Debes tener cuidado y mencionar las cualidades necesarias para el trabajo y las que ya tienes. No incluyas cualidades que no poseas.

Pregunta: ¿Se considera que está sobrecalificado para el trabajo?

Respuesta: Diga que posee todas las calificaciones que se requieren y que es adecuado para el trabajo. No digas que estás sobrecalificado porque te pinta con una luz negativa.

Pregunta: ¿Cómo planeas compensar tu insuficiente experiencia?

Respuesta: Si usted tiene experiencia, pero el entrevistador no es consciente de eso, entonces dígale eso. Si usted no tiene experiencia, entonces dígale que usted es un aprendiz rápido y trabajador duro y que fácilmente compensará su falta de experiencia.

Pregunta: ¿Cuáles son las cualidades que quieres en tu jefe?

Respuesta: Al responder a esta pregunta, usted debe ser positivo y genérico. Las opciones seguras son cualidades como bien informado, justa y respetuosa con sus subordinados.

Pregunta: Cuéntanos sobre un incidente en el que ayudaste a resolver una disputa.

Respuesta: Dar un incidente específico. Concéntrese en el método que utilizó para resolver el problema en lugar de en la disputa que resolvió. No asigne culpas a ninguna persona específica, y trate de mantenerse positivo sobre la situación en general.

Pregunta: ¿Qué posición prefieres mantener en un equipo mientras trabajas en algún proyecto?

Respuesta: Usted debe responder a esta pregunta honestamente. Hágales saber que se siente cómodo en todos los diferentes roles.

Pregunta: ¿Cuál es su ética de trabajo?

Respuesta: Haga hincapié en que se preocupa por el progreso de la organización. Su ética puede incluir "determinación para completar una tarea con éxito" y "trabajar duro antes de divertirse".

Pregunta: ¿Cuál es su mayor decepción profesional?

Respuesta: Hable sobre algo que no estaba en su control. No exprese ningún sentimiento negativo por ello; en su lugar, muestre aceptación y aprecio por lo que aprendió.

Pregunta: ¿Hay alguna pregunta que le gustaría hacer?

Respuesta: Debe estar preparado con algunas preguntas para hacerle al empleador. Puede hacer preguntas sobre cómo puede contribuir a la empresa. Por ejemplo, "¿En qué momento puedo ser productivo?" o "¿En qué tipo de proyectos puedo ayudar?" Decir que no tienes preguntas puede hacer parecer que no has estado escuchando al entrevistador o no estás genuinamente interesado en el puesto. Reflexionará mal sobre ti.

Preguntas basadas en el comportamiento

Preparación

Muchas de las preguntas de comportamiento tienen como objetivo averiguar cómo responder a situaciones negativas. Debería tener una serie de ejemplos que muestren cómo se enfrentó a alguna situación negativa y tuvo un resultado positivo.

Identifique siete u ocho ejemplos de situaciones de sus trabajos anteriores en las que exhibió las habilidades que los empleadores suelen buscar en un candidato. Piense en ejemplos que atraen sus mejores habilidades y comportamientos.

La mitad de los ejemplos que elija saldría positivo y mostrara sus logros y situaciones en las que cumplió sus metas.

La mitad de ellos deberían ser ejemplos de situaciones que inicialmente fueron negativas, pero que terminaron positivamente.

Sus ejemplos deben ser de diferentes áreas de la vida.

Utilice ejemplos que sean bastante recientes.

Técnicas

Hay varias técnicas que puede usar para responder preguntas de comportamiento. Son:

ESTRELLA: Esto es principalmente para entrevistas en las que se le hacen preguntas relacionadas con sus competencias, habilidades, intereses, valores y personalidad. Se espera que apoye las respuestas con algún tipo de evidencia. Puede utilizar el método STAR para responder preguntas basadas en la competencia y proporcionar esa evidencia.

Situación: Usted debe describir brevemente el quién, dónde y cuándo.

Tarea: Puede dar un resumen de la tarea y el objetivo.

Acción: describa sus acciones. Debes concentrarte en el papel que jugaste y en tu contribución.

Resultado: Explicar el resultado o el resultado y las habilidades que le ayudó a desarrollar.

Utilice este formato para crear una amplia variedad de ejemplos. Tome estos ejemplos de varias situaciones en su carrera.

CAR: "C" significa contexto o desafío, "a" significa acción, y "r" significa resultado. En primer lugar, describa el problema o la tarea que había que tratar. Próxima mente sobre cómo respondiste. Por último, explique el resultado de su respuesta.

OKEYO: Esta técnica implica: dar una visión general, explicar los eventos clave, describir su papel y detallar el resultado o el resultado.

PAR: En primer lugar, hable sobre el problema, luego describa la acción que tomó y, finalmente, explique el resultado.

Preguntas de muestra

Estas son algunas preguntas basadas en el comportamiento de ejemplo que se hacen en las entrevistas. Están relacionados con diversas áreas como liderazgo, resolución de problemas, comunicación y trabajo en equipo.

Liderazgo

- Describa una ocasión en la que sus logros fueron vitales para el éxito de un proyecto.

- Cuéntanos sobre una ocasión en la que te hiciste cargo de una situación, buscó apoyo y obtuvo resultados positivos.

- Cuéntanos sobre una ocasión en la que disciplinaste o des pediste a un amigo.

- Describa una ocasión en la que tuvo que ayudar a los líderes a crecer bajo su guía.

- Describa una ocasión en la que se sintió su comportamiento.

Iniciativa

- Cuéntanos sobre alguna situación en la que hayas tenido que superar obstáculos para lograr tus objetivos.

- Describa uno de sus objetivos que está tratando de lograr ahora.

- Dé un ejemplo de un contrato importante que ganó o perdió.

- Describa una situación en la que ayudó a implementar un nuevo programa.

- Cuéntanos sobre un escenario en el que tus acciones desempeñaron un papel importante en el éxito de una meta.

Solución de problemas

- Dar un ejemplo de una situación en la que era necesario analizar los hechos rápidamente, exponer las cuestiones clave con claridad, y responder al instante o hacer un plan para el futuro.

- Si tuvieras que realizar esa tarea una vez más, ¿cómo responderías de manera diferente?

- Describa una situación en la que se perdió la solución obvia para un problema.

- Cuéntanos sobre un escenario en el que hayas podido anticipar los problemas y tomar medidas preventivas.

- Da un ejemplo de una situación en la que superas un gran obstáculo.

Comunicación

- Cuéntanos sobre una ocasión en la que presentaste con éxito una propuesta a una persona de autoridad.

- Da un ejemplo de una situación en la que convenciste a alguien de usar tu idea.

- Describa una situación en la que persuadió a los miembros de su equipo para que escucharan sus ideas. ¿Cuál fue el efecto?

- Cuéntanos sobre una ocasión en la que mostraste tolerancia hacia alguna opinión que difería de la tuya.

Trabajar de manera eficaz con los demás

- Cuéntanos sobre una ocasión en la que motivaste a otros a obtener el resultado deseado.

- Dé un ejemplo para demostrar que ha tenido éxito en mantener una relación productiva con los demás a pesar de tener diferentes puntos de vista.

- Describa cómo manejó una situación difícil con su compañero de trabajo.

- Cuéntanos sobre una situación en la que ayudaste a poner a tu grupo de trabajo o equipo de nuevo en marcha.

Calidad del trabajo

- Dé un ejemplo de una situación en la que un informe que había escrito fue recibido positivamente. ¿Por qué crees que fue eso?

- Cuéntanos sobre una ocasión en la que un informe que habías escrito no fue bien recibido. ¿Cuál crees que fue el problema?

- Describa un programa o proyecto específico en el que trabajó que trajo consigo una mejora en un área importante de trabajo.

- Cuéntanos sobre una ocasión en la que fijaste algunos objetivos que eran demasiado altos.

Innovación y creatividad

- Dé un ejemplo de una ocasión en la que encontró una nueva y mejor manera de hacer algo.

- Describa una situación en la que resolvió un problema de forma creativa.

- Cuéntanos sobre una ocasión en la que se te ocurrieron ideas novedosas que resultaron ser útiles para la implementación exitosa de un proyecto.

- Dar un ejemplo de una situación en la que era necesario para que los demás utilizaran su creatividad.

Configuración de prioridades

- Dé un ejemplo de una situación en la que ha mantenido con éxito un equilibrio entre las prioridades que compiten.

- Cuéntanos sobre una ocasión en la que se esperaba que eligieras los aspectos más vitales de una actividad y asegurarte de que se completaron.

- Describir un escenario en el que ha priorizado correctamente los distintos elementos de algún proyecto complicado.

- Dar un ejemplo de una ocasión en la que se vio atrapado en los diversos detalles de algún proyecto.

Decisiones

- Cuéntanos sobre una ocasión en la que se te requiriera tomar una decisión importante, pero tenía muy pocos hechos.

- Dé un ejemplo de una situación en la que tuvo que tomar una decisión impopular.

- Describa una ocasión en la que tuvo que adaptarse a una situación difícil. ¿Cómo lo manejaste?

- Explique una vez en la que tomó la decisión equivocada.

- Cuéntanos sobre una ocasión en la que despediste o contrataste a una persona equivocada.

Trabajar en varias condiciones

- Describa una situación en la que trabajó bien bajo presión.

- Dé un ejemplo de un proyecto que no pudo completar a tiempo.

- Dar un ejemplo de una ocasión en la que era necesario cambiar el trabajo a mitad de camino debido a un cambio en las prioridades organizativas.

- Describa cómo lidiar con situaciones estresantes.

Delegación de Trabajo

- Cuéntanos sobre una ocasión en la que delegó efectivamente un proyecto.

- Dé un ejemplo de una ocasión en la que no delegó el trabajo correctamente.

- Describa una situación en la que tenía delegada el trabajo a alguien que ya tenía una gran carga de trabajo. ¿Cómo lo manejaste?

Servicio al cliente

- Dé un ejemplo de un momento en el que tuvo que lidiar con un cliente.

- ¿De qué programas relacionados con el servicio al cliente en el que ha participado están más orgullosos?

- ¿Alguna vez ha hecho una impresión duradera en un cliente? ¿Cuando?

Respuestas de muestra del método STAR

Pregunta: Describa un momento en el que estaba bajo presión pero completó correctamente el trabajo.

Paso 1: Situación

Cuando estaba trabajando en mi trabajo anterior, mi compañero de trabajo de repente se fue por razones personales. Había estado cuidando un proyecto muy importante. Ahora no había ningún gerente para ello.

Paso 2: Tarea

La tarea me fue entregada por mi supervisor. No hubo concesión con respecto a la fecha límite. El proyecto, que requirió varias semanas para ser completado, tuvo que hacerse en unos pocos días.

Paso 3: Acción

Pedí que se redujera mi carga de trabajo semanal para poder centrarme en esta tarea. Dele estos objetivos semanales a mis compañeros de equipo.

Paso 4: Resultado

Dediqué más tiempo para el proyecto y lo completé con precisión y a tiempo. Mi esfuerzo y actitud fueron apreciados por mi supervisor. Después de eso, mis responsabilidades aumentaron. Eventualmente, obtuve un ascenso y mi salario fue aumentado.

Pregunta: Dé un ejemplo de una situación en la que usted era el líder del equipo.

Paso 1: Situación

Estaba trabajando como desarrollador de software para una empresa. Había seis miembros en mi equipo. Estábamos desarrollando un novedoso módulo de finanzas que se utilizaría para los productos de contabilidad principales de nuestra empresa.

Paso 2: Tarea

Fue un proyecto crítico, y las fechas de lanzamiento se fijaron. Se había invertido una gran suma de dinero en la publicidad de los productos. El trabajo en este proyecto fue muy lento y muy poco tiempo quedó cuando el líder se enfermó y tuvo que tomarse un tiempo libre.

Paso 3: Acción

Cuando estaba en la escuela, era el capitán del equipo deportivo. Disfruté de los desafíos y responsabilidades involucrados en el liderazgo. Por lo tanto, me ofrecí a asumir la responsabilidad del proyecto. Usando mis habilidades para el análisis técnico, vi algunos errores menores en la codificación básica. Vi que los errores causaban errores esporádicos que ralentizaban el trabajo.

Negocié con mi director de producto y arreglé un incentivo de bonificación. Decidimos dar pizzas a los miembros del equipo que trabajaban por las noches para hacer correcciones en la codificación. De esta manera pude acelerar el trabajo.

Paso 4: Resultado

Aunque el costo del proyecto subió ligeramente debido a este bono, llegamos al objetivo en el tiempo. El costo adicional era insignificante en comparación con la pérdida en la que habríamos incurrido si hubiera habido un retraso en el lanzamiento del producto. Además de esto, tendría un impacto negativo en la marca del producto. Además, los miembros del equipo estaban encantados de obtener el bono. Como consecuencia, he sido ascendido y me he convertido en el líder oficial del equipo.

Respuestas de la muestra del método CAR

Pregunta: Cuéntanos sobre una ocasión en la que resolviste algún problema importante en tu empresa.

Paso 1: Contexto

Un evento importante iba a celebrarse en la empresa, y un colega mío había arreglado para un proveedor extranjero para proporcionar los materiales. Había elegido la fecha de envío como la misma fecha del evento. No consideró el tiempo que se necesitaría para despejar las aduanas y llevar las cosas a la ubicación del evento. Era obvio que no sería posible obtener los suministros a tiempo para el evento. Estaba muy molesto y me pidió que le ayudara.

Paso 2: Acción

Descubrí que materiales similares estaban disponibles en otra ciudad y podían ser transportados en tren. Le pedí que cancelara la orden de envío y contacté a otro proveedor que accedió a enviar los materiales a la estación de tren local dos días antes del evento.

Después de que los materiales llegaron al ferrocarril, utilizamos camiones para transportarlos al lugar del evento.

Paso 3: Resultado

Los materiales llegaron a tiempo, y el evento tuvo éxito.

Pregunta: Dar un ejemplo de una situación en la que tuvo que demostrar iniciativa.

Paso 1: Contexto

Cuando comencé en mi trabajo anterior, el teléfono se utilizó para manejar todas las solicitudes relacionadas con el servicio de atención al cliente. Esto tomó el valioso tiempo del personal. Además, se produjeron errores en las cotizaciones y documentación que causaron más retrasos y satisfacción del cliente, entre otros problemas.

Paso 2: Acción

Quería rectificar esto, así que tomé la iniciativa de desarrollar un sistema de flujo de trabajo automatizado. Los clientes tenían que rellenar un formulario y hacer la solicitud de servicio en línea. Proporcionarían toda la información requerida. Esto minimízalos los errores de documentación. Las solicitudes de servicio se revisan diariamente y los detalles se agregaron automáticamente a la base de datos.

Paso 3: Resultado

El personal no tenía que pasar tiempo tomando llamadas. Esto redujo los costos de mano de obra y mejoró la productividad en un 20%. Además, el tiempo de respuesta y las tasas de satisfacción del cliente mejoraron. El sistema ayudó a ahorrar tiempo, así como recursos, y fue tan exitoso que se utilizó en las ubicaciones de la empresa.

Pregunta: Cuéntanos sobre una ocasión en la que organizaste un gran evento.

Paso 1: Contexto

Mientras trabajaba como asistente personal en mi trabajo anterior, se me dio la responsabilidad de organizar un seminario para el equipo directivo. Para esta tarea se necesitaba mucha planificación y atención a los detalles. Tuve que encontrar un lugar; hacer arreglos para los oradores, la restauración y los alojamientos; cuidar de las finanzas; y comunicarse con las partes interesadas.

Paso 2: Acción

Anoté todas las cosas que había que hacer y luego hice listas de verificación. Grabé los nombres de las personas involucradas y sus datos de contacto. Les envié recordatorios diarios a través de correo electrónico y teléfono con respecto a tareas específicas. Siguiendo este programa detallado y estricto, me aseguré de que todo estaba en el camino correcto. Pude ver cuánto trabajo se había completado y asegurarme de que nada se olvidara.

Paso 3: Resultado

El seminario continuó sin problemas. Todos los asistentes estaban muy satisfechos, y recibí comentarios positivos. Como había tenido éxito en la organización de esta función, se me dio la responsabilidad de planificar otros eventos para la empresa. Esto amplió mi papel como organizador.

Pregunta: Describa una ocasión en la que tuvo que superar alguna situación difícil.

Paso 1: Contexto

Mientras trabajaba en mi trabajo anterior, la empresa pasó por una situación difícil. Se me dio la responsabilidad de reducir los gastos y ahorrar dinero en un corto lapso de tiempo.

Paso 2: Acción

Para llevar a cabo esta tarea, miré varias opciones que ayudarían a reducir los costos. Consideré reducir el número de empleados, recortar los presupuestos departamentales, congelar los salarios, cambiar las políticas de cuentas de la empresa y examinar la estructura de capital. Analicé el costo-beneficio de cada alternativa y evalué las consecuencias a largo y corto plazo, así como los riesgos.

Paso 3: Resultado

No era fácil despedir al personal, pero era necesario. Hice una serie de cambios en los gastos de la empresa y permití que algunos de los empleados trabajaran a tiempo parcial. De esta manera, logré ahorrar dinero sin afectar negativamente las operaciones de la empresa o la moral del personal.

Pregunta: Cuéntanos sobre una ocasión en la que demostraste adaptabilidad.

Paso 1: Contexto

Trabajé como líder de proyecto para la campaña de marketing de mi empresa. Por casualidad, una semana antes del lanzamiento uno de nuestros competidores lanzó una campaña similar. Si continuamos con nuestros planes iniciales y lanzamos nuestra campaña la semana siguiente, parecería como si los hubiéramos copiado a pesar de que habíamos trabajado en el proyecto durante semanas antes de que lanzaran el suyo.

Paso 2: Acción

Entendí que era necesario hacer algunos cambios para mantener nuestra originalidad. Llamé a todos los miembros del equipo para una reunión y una sesión de lluvia de ideas. Ya habíamos hecho toda la investigación, así que sólo necesitábamos idear ideas frescas para hacer que el contenido se viera diferente sin cambiar nuestros objetivos.

Rápidamente modifiqué el plan anterior y delegué el trabajo a los diferentes miembros del equipo para crear nuevo contenido. También contrató a un freelancer para producir contenido de alta calidad. Todos trabajamos largas horas esa semana y completamos el proyecto a tiempo.

Paso 3: Resultado

Nuestra campaña tuvo mucho éxito. El nuevo contenido era mucho mejor que el plan original. Estábamos contentos de poder modificar rápidamente el plan y ofrecer una gran campaña.

Capítulo 4

Algunas Preguntas Que
Puede Hacer a Los Empleadores

La clave para el éxito de una entrevista de trabajo radica en hacer preguntas pertinentes al empleador, pero la gente tiende a pasar por alto este paso cuando se preparan para la entrevista. Cerca del final de la entrevista, el entrevistador generalmente le pregunta si desea hacer alguna pregunta. Si usted no hace ninguna pregunta, puede parecer que no está interesado o no está preparado. Por lo tanto, debe estar listo con algunas preguntas.

Hacer preguntas también le da la oportunidad de resaltar aún más sus habilidades, experiencia y calificaciones. Responder con preguntas específicas también muestra su interés y conocimiento de la industria. También puede ser una manera de determinar si el trabajo es el adecuado para usted.

El autor Salil Jha ha dicho con razón: "Una entrevista de trabajo es una comunicación bidireccional para buscar el ajuste cultural y del equipo. No importa qué lado de la mesa te sientes, deberías hacer preguntas que son importantes para ti sin miedo".

Puede hacer preguntas y aprender sobre la cultura de la empresa y las responsabilidades específicas para el trabajo. Esto le salvará de cualquier sorpresa durante la primera semana de trabajo. A continuación se muestra una lista de algunas preguntas que puede hacerle al empleador o al gerente de contratación. No necesitas preguntarles a todos. Simplemente elija alrededor de cinco preguntas que sean apropiadas para su situación.

Preguntas de muestra

1. ¿Qué cualidades está buscando en el candidato para el trabajo?

2. ¿Cómo voy a ser presentado o entrenado para el trabajo?

3. ¿Cómo es importante este trabajo para la empresa? ¿Cuál es su contribución a la organización en su conjunto?

4. ¿Podría decirme los objetivos del departamento para el año en curso?

5. ¿Cuántos miembros del personal tiene la empresa? ¿Cuántos miembros del personal estarían en mi departamento?

6. ¿Puedes decirme con quién trabajaría?

7. ¿Cuáles serían los trabajos de mis compañeros de trabajo?

8. ¿Cómo voy a recibir comentarios sobre mi rendimiento?

9. ¿A quién tendré que reportar si me contratan?

10. ¿Cómo se promueve el crecimiento profesional en la empresa?

11. ¿Con qué frecuencia se proporcionan revisiones de rendimiento?

12. ¿Se ajusta el salario según el rendimiento laboral o los costos de vida?

13. ¿Qué tipo de crecimiento prevé para la empresa en los próximos cinco a diez años?

14. ¿Qué se tiene en cuenta cuando los empleados están a la hora de una promoción?

15. ¿Esta posición es nueva o reemplazaré a alguien que actualmente trabaja aquí?

16. ¿Podría decirme los mayores desafíos asociados con el puesto?

17. ¿Cuál es tu parte favorita de este trabajo o empresa?

18. ¿Cuáles son las habilidades más importantes necesarias para este puesto?

19. ¿El trabajo implica mucho trabajo de proyecto o equipo?

20. ¿Qué lugar ocupa el trabajo en la estructura de la organización?

21. ¿Cuánto viaje se requiere para el trabajo?

22. ¿A qué desafíos se enfrenta la empresa?

23. ¿Qué responsabilidades están asociadas con el puesto?

24. Típicamente, ¿cómo se ve un día para una persona en esta posición?

25. ¿Se espera que la persona trabaje horas extras o los fines de semana?

26. ¿Hay algún camino profesional que comience con esta posición en particular?

27. ¿Cuál es la cosa más importante que debo lograr en los primeros 90 días?

28. ¿Cómo describiría los valores de la empresa?

29. ¿Qué cambios se han producido en los últimos años?

30. ¿Cuál es el plan de desarrollo y crecimiento de la empresa?

31. ¿Cuál es la mayor recompensa de trabajar para la empresa en esta posición?

32. ¿Quiere sin que le proporcione algunas referencias?

33. Si me ofrecen el trabajo, ¿cuán pronto se esperaría que empezara a trabajar?

34. ¿Cuántos individuos han ocupado esta posición en los últimos dos años?

35. ¿Cuánto tiempo suele ocupar la gente esta posición?

36. ¿Podría mostrar algunos ejemplos de proyectos similares a los que trabajaré?

37. ¿Qué habilidades son de suma importancia para este trabajo?

38. ¿Habrá un mentor que me ayude cuando empiezo a trabajar aquí?

39. ¿Qué distingue a los mejores intérpretes de los artistas medios o buenos de esta empresa?

40. ¿Qué tareas definen el éxito en este trabajo?

41. ¿El trabajo va a ser el mismo todos los días o cambia regularmente?

42. ¿Hay algún cambio esperado en las responsabilidades de la persona que ocupa este puesto en los siguientes seis meses o un año?

43. ¿Qué mejoras espera que un nuevo empleado traiga a esta posición?

44. ¿Cuáles son las partes gratificantes de esta posición?

45. ¿Está buscando a alguien diferente de los empleados anteriores que ocupaba este puesto? Si es así, ¿puede decirme lo que está buscando?

46. Inicialmente, ¿cuánta toma de decisiones se espera que haga cuando empiezo por primera vez?

47. ¿Cuáles son las decisiones estratégicas que toré poco después de comenzar el trabajo? ¿Cuáles no necesitarán la aprobación de mi gerente?

48. ¿Cuánto necesitaré para interactuar con clientes o clientes?

49. ¿Hay alguna oportunidad de trabajar con tecnologías, herramientas o métodos avanzados?

50. ¿Cómo describiría la cultura de la empresa?

51. ¿Hay alguna tradición de empresa interesante y agradable que le gustaría compartir?

52. ¿Cuál es una característica única de trabajar con esta empresa?

53. ¿Qué medidas se toman para motivar a los empleados?

54. ¿Por qué a la gente le gusta trabajar aquí?

55. ¿Quiénes son sus clientes típicos? ¿Por qué han elegido su empresa?

56. ¿Podría hablarme de las fortalezas o debilidades de la empresa en comparación con sus competidores?

57. ¿Quién es el principal competidor de la empresa? ¿Cuál es la diferencia clave entre ellos y tú?

58. ¿Cómo atrae la empresa las ventas y desarrolla relaciones con los clientes?

59. ¿Valoran la individualidad y la creatividad?

60. Si fuera posible cambiar sólo una cosa en la organización, ¿qué cambiaría?

61. ¿Está la administración abierta a sugerencias e ideas?

62. ¿La cultura de este equipo difiere de alguna manera de la cultura de la empresa?

63. ¿Cuánta autonomía tienen los equipos con respecto a la selección de métodos y tecnología para proyectos particulares?

64. ¿Cómo se estructuran los equipos?

65. ¿En qué objetivo se centra actualmente la empresa y cómo apoya este equipo ese objetivo?

66. ¿Cómo se asegura de que cada miembro del equipo produzca un trabajo de calidad?

67. ¿Cuántas personas están siendo entrevistadas para este puesto?

68. ¿Quién va a tomar la decisión definitiva de contratación?

69. ¿Qué hay que hacer a continuación?

70. ¿Cuándo recibiré noticias de la empresa o necesito ponerme en contacto contigo?

Las preguntas que no debe hacer

Dedique tanto tiempo a preparar preguntas para hacer como practicar para responder preguntas. Las preguntas que haga reflejan su curiosidad y comprensión de la organización y su ética de trabajo. Sin embargo, es posible que algunas preguntas no se reflejen bien en usted. También hay algunas preguntas que no se deben hacer porque pueden alienar a la persona que te está entrevistando.

Manténgase alejado de las preguntas de "Yo"

Estas preguntas de "yo" ponen sus intereses por delante de los de su empleador. Esto incluye preguntas relacionadas con el salario, el tiempo de vacaciones, otras concesiones, el seguro médico y las horas de trabajo por semana. En una entrevista, su objetivo es demostrar cómo usted podría ser beneficioso para la empresa en lugar de cómo la empresa puede beneficiarle.

Haga las preguntas una por una

No haga preguntas que tengan varias partes. El empleador puede sentirse abrumado por ellos y olvidarse de responder partes de la pregunta. Cada pregunta debe cubrir un punto en particular.

Haga preguntas relacionadas con varios temas

No haga preguntas repetidamente sobre el mismo tema. Por ejemplo, si usted pregunta sólo sobre el gerente y el estilo de gestión, puede parecer como si usted tiene algunos problemas con las figuras de autoridad. Hacer preguntas sobre diferentes temas muestra su interés en varios aspectos de la posición. También muestra que está familiarizado con una variedad de áreas relacionadas con el trabajo.

Evite hacer preguntas "Sí" y "No"

La mayoría de las respuestas a preguntas que tienen respuestas de una sola palabra o pueden ser respondidas con un simple "sí" y "no" se pueden encontrar en el sitio web de la organización. Usted debe hacer preguntas que impliquen un diálogo con el empleador. Trate de mantener el estado de ánimo conversacional.

Abstenerse de hacer preguntas muy personales

Aunque es bueno tener alguna relación con el entrevistador, usted debe evitar pedir información personal que no se conoce públicamente. Por ejemplo, es posible que vea un banner universitario en la pared de la oficina. Usted puede preguntar si el empleador fue a la universidad en particular, pero usted no debe preguntar acerca de sus antecedentes educativos, experiencia laboral, familia, estado civil, raza u otras cosas similares.

Evite preguntar acerca de la información de la empresa que ya está disponible

No haga preguntas que puedan ser respondidas examinando el folleto de empleo de la empresa, los informes anuales o el sitio web. Los entrevistadores saben qué información ya proporciona la empresa, y pueden saber si usted no ha hecho su propia investigación. Pero si hay información que no está muy clara en la literatura de la empresa, puede hacer preguntas en aras de la aclaración.

No repetir preguntas

Si algunas preguntas que había planeado hacer ya han sido cubiertas en el transcurso de la entrevista, no las vuelva a preguntar a menos que necesite alguna aclaración. Si necesita aclaraciones, intente reformular la pregunta o indique que necesita aclaraciones con respecto a un punto anterior.

Estos son algunos ejemplos de preguntas que no se deben hacer en las entrevistas de trabajo:

Pregunta: ¿Qué trabajo hace su empresa?

Razón: Usted debe averiguar esto haciendo investigación de antemano.

Pregunta: Si me contratan, ¿cuándo podré tomarme unas vacaciones?

Razón: Debe esperar hasta que se le ofrezca el trabajo antes de discutir futuras vacaciones.

Pregunta: ¿Es posible modificar el horario en caso de que me contraten?

Razón: No mencione tales cosas en esta coyuntura.

Pregunta: ¿Me vas a contratar?

Razón: No debe ser impaciente. Espera a que te lo cuenten.

Pregunta: ¿Puedo realizar este trabajo desde casa?

Razón: Esta pregunta puede estar bien para un trabajo en línea, pero si usted hace esta pregunta para un trabajo regular, puede parecer que no le gusta trabajar con otros, no puede funcionar correctamente bajo supervisión, o tener un horario de trabajo exigente. Usted puede pedir tal concesión después de mantener el puesto durante algún tiempo, pero no en la primera entrevista.

Pregunta: ¿Qué salario se ofrece para este trabajo?

Razón: Si usted va a decidir sobre un trabajo sobre la base del salario, entonces es mejor incluir su salario deseado en la propia carta de presentación. Si usted es flexible sobre el salario, no discuta el tema hasta que se le ofrezca el puesto.

Pregunta: ¿Cuántas horas se espera que trabaje en una semana? ¿Tengo que trabajar los fines de semana?

Razón: Las preguntas sobre las horas de trabajo y el trabajo adicional significan que desea trabajar lo menos posible. En lugar de esto, se puede decir, "¿Cómo es un día de trabajo típico como para una persona en esta posición?" Esto puede darle una idea sobre las horas de trabajo.

Pregunta: ¿Tardaré mucho en ser ascendido?

Motivo: Esta pregunta puede implicar que usted no está interesado en la posición actual y sólo está esperando una mejor oferta. En lugar de esto, usted puede preguntar: "¿Cuáles son las oportunidades de crecimiento en esta empresa?"

Pregunta: ¿Qué tipo de seguro ofrece la empresa, específicamente el seguro médico?

Motivo : Espere hasta que tenga el trabajo antes de preguntar sobre los beneficios. Si algunos beneficios, como un seguro de salud o un programa de guardería, son necesarios, hable con los funcionarios del departamento de recursos humanos en lugar de preguntarle al entrevistador.

Algunas preguntas que nunca debe hacer en una entrevista.

- ¿Puedo echar un vistazo a la sala de descanso de la compañía?

- ¿Cuánto dura mi descanso para almorzar?

- ¿Qué tan tarde puedo llegar al trabajo sin correr el riesgo de ser despedido?

- ¿Puedo llevar a mi mascota al trabajo?

- ¿El uso de Internet es monitoreado por la empresa?

- ¿Se me pedirá que me tome una prueba de drogas?

- ¿Cuántas advertencias puede recibir un empleado antes de ser despedido?

Capítulo 5

Consejos Para Entrevistas

Por lo tanto, su entrevista está programada, empezar a prepararse para ella. Hay una serie de cosas que puede hacer durante las diversas fases de la entrevista que harán una buena impresión y ayudarán a asegurar el trabajo de sus sueños.

Cosas que hacer antes de la entrevista de trabajo

Investigación sobre la organización y los entrevistadores

La entrevista será más fluida si conoce la información clave sobre la empresa. Consulte el sitio web de la organización, los últimos comunicados de prensa y artículos en redes sociales para obtener una visión de los objetivos de la empresa. Esto también puede ayudarle a decidir si el trabajo es adecuado para usted. Si aparece alguna pregunta durante este tiempo, anote para miraren en el futuro.

Práctica para responder preguntas comunes

Prepárese para responder a las preguntas y temas más comunes que se discuten en las entrevistas. Estos incluyen: "Cuéntanos sobre ti",

"¿Por qué estás interesado en tomar este puesto en nuestra empresa?" y "¿Por qué eres el mejor candidato?" Presente una imagen positiva de sí mismo y hable sobre cómo puede contribuir a la organización. Recuerda concentrarte en lo que puedes hacer por ellos, no en lo que pueden hacer por ti

Lea atentamente la descripción del trabajo

Puede imprimir la descripción del trabajo y leerlo a fondo. Subrayar las habilidades específicas que el empleador está buscando en un candidato. Piense en algunas cosas de sus trabajos anteriores y actuales que se alinean con los requisitos del trabajo. Trate de encontrar ejemplos concretos para usar en la entrevista.

Utilice el método STAR para responder preguntas

Es casi seguro que se le pedirá que describa una experiencia anterior en la que utilizó una habilidad específica, por lo que debe estar preparado para contar historias de su experiencia laboral pasada. Siga la técnica STAR donde primero describa la situación, luego la tarea, la acción que tomó y el resultado final.

Usar la ayuda de un amigo

Practicar es más efectivo cuando dices las respuestas en voz alta. Puedes decirlos frente a un espejo o pedirle a un amigo que te ayude con las respuestas. De esta manera, ganarás confianza y estarás bien preparado para la entrevista. Si solicitas la ayuda de un amigo, muéstrale la descripción del trabajo y ayúdale a hacer una lluvia de ideas sobre posibles preguntas para que practiques la respuesta.

Preparar una lista de referencia

Es posible que se le pida que dé algunas referencias antes o después de la entrevista. Si su lista de referencia está lista de antemano, el proceso de contratación puede moverse más rápidamente. Asegúrese de ponerse en contacto con sus referencias antes de enviar su lista al empleador. Asegúrese de que están dispuestos a ser una referencia para usted.

Mantenga listos los ejemplos de trabajo

Probablemente se le pedirá que muestre algún trabajo anterior que haya hecho que esté relacionado con este trabajo. Después de revisar la descripción del trabajo, piense en el trabajo que ha realizado en clubes, puestos de voluntarios o trabajos anteriores que muestra que está preparado y tiene la experiencia necesaria para tener éxito en el trabajo.

Prepárate para hacer preguntas inteligentes

Las entrevistas implican una conversación entre los entrevistadores y el entrevistado, por lo que se espera que haga algunas preguntas pertinentes para mostrar su interés genuino en la organización y el puesto. Esté preparado para hacer algunas preguntas inteligentes para mostrar sus habilidades e impresionar a sus empleadores.

Consejos para el día de la entrevista

Planifique su atuendo de antemano

Si es posible, infórmese sobre el código de vestimenta de la empresa para el lugar de trabajo y vístete en consecuencia. Puedes intentar hablar con alguien que trabaje allí, o puedes hacer algunas investigaciones para encontrar un atuendo adecuado. Es mejor estar demasiado vestido que mal vestido. Prepara tu atuendo la noche anterior para que no tengas que preocuparte por la ropa el día de tu entrevista.

Cosas que llevar a la entrevista

Debe tomar un mínimo de cinco copias impresas de su CV si hay varios entrevistadores. Puede resaltar algunos logros específicos en su copia personal para que pueda consultarlo y analizarlo durante la entrevista.

Tome un cuaderno y un bolígrafo para anotar los puntos durante la entrevista. Estos serán útiles durante el proceso de seguimiento.

Llegar temprano

Planifique su horario para que llegue al menos diez a quince minutos antes. Si está utilizando el transporte público, tenga un plan de respaldo en caso de que haya cierres o retrasos repentinos.

Hacer una primera impresión fantástica

Ten cuidado con las pequeñas cosas. Asegúrate de que tus zapatos estén brillando, que no haya agujeros ni manchas en tu ropa, y que tus uñas no estén sucias. Vístete apropiadamente y trata de parecer profesional. Mantenga una sonrisa en su cara y exhiba confianza al mantenerse de pie.

Comportarse de manera cortés

Trate a todos con respeto, incluidas las personas que conozca en el estacionamiento, en la estación de seguridad y en la recepción. El empleador potencial puede pedirles comentarios sobre usted.

Mostrar lenguaje corporal positivo

Camina y siéntate de una manera segura y mantén la espalda recta. Usted puede controlar su ansiedad y nerviosismo respirando profundamente y exhalando lentamente. Dale la mano al entrevistador y sonríe.

Recuerda las Cuatro C para Comunicación.

Borrar: Asegúrese de que las instrucciones que hace estén claras. No debería ser posible interpretarlos de varias maneras.

Conciso: Usted debe ser breve. No es necesario que se expliquen las cosas y dar innumerables detalles a menos que sea necesario o se le ha pedido que lo haga.

Coherente: Asegúrate de que haya un flujo en tus declaraciones. Deben estar conectados de manera coherente.

Completa: Usted debe contar la historia completa sin dejar fuera los bits esenciales de la información.

Sea auténtico y positivo

Usted puede ganar a los empleadores siendo sincero y genuino durante la conversación. Mostrar positividad con buen lenguaje corporal y una sonrisa puede ayudar a mantener la entrevista fluyendo en una dirección constructiva y ligera.

Sea honesto acerca de sus logros y habilidades. No los exagere, pero no se subvenga a sí mismo. Concéntrese en las fortalezas clave que tiene que le hacen el ajuste adecuado para el trabajo. Explicar la forma en que las fortalezas están relacionadas con el objetivo de la empresa o departamento y cómo pueden ser beneficiosas para el empleador.

Apoya tus respuestas con ejemplos

Proporcione ejemplos de los trabajos anteriores en los que realizó correctamente tareas relacionadas con esta descripción del trabajo. Incluya datos concretos y cuantificables para demostrar sus logros específicos.

Dar respuestas concisas y pertinentes

No pierdas el tiempo divagando. Es por eso que es importante practicar sus respuestas para que pueda responder de una manera apropiada y relevante sin tomar demasiado tiempo para cada respuesta. A menos que se le pida una respuesta detallada, dedique solo dos o tres minutos a cada respuesta.

No diga cosas negativas sobre empleadores anteriores

A las organizaciones les gusta contratar a personas que son solucionadores de problemas y pueden superar situaciones difíciles. No desean contratar a personas que no puedan llevarse bien con los demás o tengan el hábito de culpar a los demás por sus deficiencias. Así que si critica a sus supervisores o empleadores anteriores, es posible que no sea contratado. Permanezca lo más positivo posible, incluso si su empleador anterior fue desagradable.

Consejos para la fase de seguimiento

Pregunte acerca de los pasos subsiguientes

Puede preguntarle al entrevistador, reclutador o gerente de contratación lo que se espera que haga después de la entrevista. Es posible que tenga que proporcionar una lista de referencia, escribir alguna tarea o aparecer para otra entrevista.

Enviar una nota de agradecimiento

Puede enviar cartas o correos electrónicos a cada uno de los entrevistadores para agradecerles individualmente. Puede utilizar las notas tomadas en el transcurso de la entrevista y crear correos electrónicos distintos para cada entrevistador.

Plantilla para la carta de agradecimiento o nota que se enviará después de una entrevista.

Te llamas

Su dirección

Número de teléfono

Dirección de correo electrónico

Nombre del destinatario

Dirección del empleador

Fecha

Nombre del estimado empleador:

Párrafo 1: Agradezca a la persona por tomarse un tiempo fuera de su día para reunirse con usted. Muestre su entusiasmo por obtener empleo en esa organización.

Párrafo 2: Reitere su interés en conseguir el trabajo y su cualificación para ello. Puede mencionar cualquier habilidad que no mencionó en la entrevista. Haga hincapié en algún logro o habilidad específica que muestre cómo será un activo para la empresa.

Ultimo parrafo: Una vez más agradece a la persona por su consideración. Exprese su confianza en que puede trabajar bien en la empresa. Termine diciendo que está deseando la respuesta del entrevistador.

Sinceramente

Firma

Escribe tu nombre

Obtener comentarios

Muchas organizaciones proporcionan comentarios sobre su desempeño durante la entrevista y en los centros de evaluación. En caso de que la instalación no esté disponible en la empresa con la que ha entrevistado, puede solicitar comentarios directamente de ellos.

Después de recibir los comentarios, usted debe revisar críticamente todas las cosas acerca de su entrevista. Al hacerlo, puede aprender de la experiencia y también estar mejor preparado para futuras ocasiones. Pregúntate cómo crees que lo hiciste y toma notas para revisar tu desempeño.

Piense en esta línea:

- ¿Estabas tan bien preparado como deberías haber estado?

- ¿Pudiste conectar tu experiencia previa y tu trabajo con el trabajo para el que fuiste entrevistado?

- ¿Demuestras tu interés, una actitud positiva y entusiasmo?

- ¿Hablaste claramente sobre tus habilidades personales, habilidades y fortalezas?

- ¿Dio ejemplos concretos para mostrar sus habilidades y experiencia laboral? ¿Evitaste generalizar?

- ¿Se subvendió utilizando la palabra "sólo" en sus ejemplos? Por ejemplo, ¿dijo que trabajó como miembro del equipo, pero que sólo era camarero y trabajó sólo a tiempo parcial en el trabajo?

- ¿Le mostraste a los empleadores lo interesado sócto que estabas por conseguir el trabajo?

- ¿Qué partes de la entrevista te fue bien y en qué partes podrías haberlo hecho mejor?

- ¿Te presentaste de la mejor manera posible?

- ¿Tu nerviosismo o lenguaje corporal arruinó tu actuación? ¿Te inquietaste o jugaste con tu pluma mientras hablabas?

- ¿Pueden más pruebas de práctica y más entrenamiento mejorar tu rendimiento en el futuro?

- ¿Demostró que tenía suficiente conocimiento sobre la empresa y el trabajo?

Capítulo 6

Cómo Vestirse Para la Entrevista

Las primeras impresiones juegan un papel vital en el proceso de selección. La primera impresión de su empleador potencial de usted es, en gran medida, basada en su apariencia y su ropa. En una entrevista formal, el candidato que lleva corbata, medias y un traje hará una mejor impresión en comparación con una persona reñida con jeans y camiseta. Por lo tanto, es de suma importancia que usted elija el atuendo adecuado para la entrevista. Su objetivo no es sólo hacer una buena impresión, sino también una fabulosa y grandiosa.

Atuendo de hombre para la entrevista

Traje

- Los hombres que aspiran a impresionar a los entrevistadores y ganar el trabajo deben usar un traje para la entrevista. Debe ser de un color sólido como marino, gris oscuro o negro.

- Las mangas de la chaqueta deben ser largas y llegar a las muñecas. Deben cubrir todo el brazo desde el hombro hasta las muñecas.

- Los pantalones deben tener la longitud correcta. No deben ser demasiado cortos o demasiado largos.

Corbata y camisa

- La camisa debe ser blanca. Debe tener mangas largas y debe tener botones en la parte delantera.

- Las mangas de la camisa deben tocar las muñecas.

- No debe girar y enrollar las mangas.

- Asegúrate de que la camisa te quede bien y que se sienta cómoda alrededor del cuello.

- No olvides usar una camiseta.

Calcetines, zapatos y accesorios

- Usa un cinturón que coincida con tus zapatos. El color del cinturón debe combinarse bien con el color de sus zapatos.

- Elige una corbata de seda cuyo color coincida con el traje.

- No cometa el error de elegir una corbata que tenga imágenes o caracteres de animales en ella.

- Tus calcetines deben estar oscuros y lisos. No elija calcetines de lujo.

- Los terneros deben estar cubiertos por los calcetines.

- Busca zapatos de cuero pulidos y conservadores.

- No debe usar zapatillas, botas o chanclas para una entrevista.

- Quítate todas tus joyas. No debe usar aretes para tal ocasión.

- Lleve consigo un maletín o un portafolio.

Cabello, tatuajes y piercings

- Recorta bien la barba y el bigote.

- Tu cabello debe ser arreglado correctamente. Elige un peinado profesional, no uno elegante.

- Si tienes el pelo largo, tira de él hacia atrás.

- Mantenga un color de cabello profesional. Elige colores naturales, no antinaturales.

- Utilice una cantidad limitada de colonia o para después del afeitado.

- Recorta y límpiate las uñas.

- Cubre todos tus tatuajes visibles.

- Los piercings corporales tampoco deben ser visibles.

Atuendo de mujer para la entrevista

Traje

- Puede optar por usar un traje gris oscuro, azul marino o negro para la entrevista.

- De lo contrario se puede usar una falda y blusa con un blazer. Nunca olvides usar una chaqueta.

- La falda debe ser lo suficientemente larga como para extenderse por debajo de las rodillas.

- Nunca elijas el atuendo que harías cuando vayas a un club nocturno.

- No deberías usar vestidos. Si usas uno, asegúrate de que esté acentuado con una chaqueta.

- Manténgase alejado de patrones "fuertes" como la impresión de cebra o leopardo.

- Si hay bolsillos, pliegues o dardos en su vestido, deben ponerse planos.

Blusa

- Elige usar una blusa de seda o algodón a juego.

- Es preferible llevar una blusa de color claro o una blanca.

- No vaya por blusas sin mangas o de corte bajo.

Medias, zapatos y accesorios

- Elija medias conservadoras de color neutro.

- Use zapatos cómodos y de tacón bajo.

- Las zapatillas, las sandalias de punta abierta y las chanclas no deben usarse para tal ocasión.

- Trate de usar joyas mínimas.

- No cometa el error de decorar sus brazos con un montón de brazaletes o pulseras o usar pendientes colgantes.

- En lugar de llevar un bolso, debe tomar un maletín o portafolio.

Cabello, tatuajes y piercings

- Tu cabello debe estar bien cuidado, y tu peinado debería hacerte lucir profesional.

- Si tienes el pelo largo, tira de él hacia atrás. No debería estar colgando en tu frente de una manera torpe.

- Mantenga un color de cabello natural. No tiñes tu cabello con colores antinaturales como el rosa o el azul.

- Usa maquillaje ligero. No utilice un perfume fuerte.

- Tus uñas deben estar limpias y bien cuidadas.

- Puede utilizar un esmalte de uñas de color neutro. No utilice colores llamativos.

- Si tienes tatuajes, cúbrelos.

- Los piercings corporales no deben ser visibles excepto para los piercings de oído.

Directrices generales

- Investigue sobre el código de vestimenta de la compañía. Mira las fotos de los trabajadores en las páginas de redes sociales de la empresa para que sepas lo que usan los empleados en la oficina.

- Elige ropa que te haga sentir seguro y cómodo.

- Evite revelar tipos de ropa.

- Selecciona tu ropa según la temporada y el clima.

- Prepara tu atuendo la noche antes de la entrevista.

- No debe usar un vestido de cóctel, esmoquin o lentejuelas.

- Deberías meterte la camisa. Su camisa debe estar limpia, almidonada y sin arrugas.

- Debe evitar la ropa que esté apretada o que tenga botones.

- La cintura del pantalón debe sentarse en su cintura natural.

- No use pantalones cortos.

- No fume el día de su reunión con los empleadores.

- Asegúrese de cepillarse los dientes correctamente. Asegúrate de que tu aliento esté fresco.

- No coma dulces ni mastique chicle cuando vaya a una entrevista.

Conclusión

El atuendo de la entrevista depende del tipo de trabajo que haya solicitado. Su elección de un atuendo depende del código de vestimenta de la empresa. Puede ser formal para una organización establecida, informal para una pasantía o un trabajo de verano, o casual para una start-up. Independientemente de la empresa y el puesto que esté buscando, recuerde que debe verse refinado y profesional cuando se presente para una entrevista.

Si su entrevista tiene lugar en algún ambiente informal, puede elegir el atuendo informal de negocios. Esto es menos formal que un traje, pero al mismo tiempo, es más refinado que las camisetas, pantalones cortos y un traje de sol. Por ejemplo, puedes usar un botón hacia abajo o un polo con caqui.

Usted debe averiguar de antemano si el vestido casual de negocios es aceptable. Si no está seguro, puede llamar a alguien de la oficina o a la persona que programe la entrevista y pedir consejo.

Capítulo 7

Entrevistas informativas

Las entrevistas informativas son un medio para recopilar información sobre algún campo o trabajo profesional específico. Puede realizar estas entrevistas y hacer preguntas a los participantes antes de elegir su carrera.

Ventajas de las entrevistas informativas

Las entrevistas informativas son muy útiles porque ayudan a:

- Reduzca sus opciones

- Prepárese para una carrera específica

- Descubre ocupaciones que no sabías que existían o que no estaban familiarizados con

- Obtenga confianza en sí mismo y experiencia al entrevistarse con profesionales

- Descubre los tipos de personalidades que prosperan en campos profesionales particulares

- Tener expectativas realistas relacionadas con el empleo en campos particulares

- Obtener una idea precisa del mercado laboral existente

- Amplíe sus conexiones con profesionales en el campo de su elección

Cómo empezar

Elija una ocupación

Debe seleccionar una o más ocupaciones que desee investigar. Decida qué información le interesa adquirir sobre ellos. Anota todas las preguntas que quieras que te respondan.

Al igual que con otras entrevistas, se recomienda que lea y recopile tanta información sobre la empresa u organización como pueda antes de ir a la entrevista.

Identificar a las personas a entrevistar

Puede ponerse en contacto con cualquier persona para este tipo de entrevista. Comience con una lista de las personas que ya conoce, como sus compañeros de estudios, amigos, vecinos, personas que trabajaron con usted en el pasado, o sus compañeros de trabajo y supervisores actuales. Puede visitar la oficina de ex alumnos o el centro de carrera de su universidad y obtener los nombres de aquellos que actualmente están trabajando en los campos que le interesan. Puedes acercarte a los conocidos o oradores públicos de tu familia para una entrevista. Directorios organizativos, organizaciones profesionales y las páginas amarillas son algunos otros buenos recursos. Además de esto, también puede llamar a una empresa y pedir hablar con alguien que tiene un título de trabajo en particular.

Realizar investigaciones antes de la entrevista

Con el fin de llevar a cabo una entrevista informativa eficaz, no se puede entrar a ciegas. Es esencial prepararse de antemano. Usted debe hacer investigación sobre varias cosas como la empresa, sus productos, y la persona que va a entrevistar. Si conócelo lo suficiente sobre la empresa, podrá hacer preguntas en profundidad relacionadas con el trabajo y la organización. Esto a su vez le dará la confianza para comunicarse eficientemente.

Hay una serie de beneficios para hacer investigación.

- Puede hacer preguntas más relevantes e inteligentes.

- Usted puede responder más cuidadosamente si el entrevistado hace alguna pregunta.

- Usted no perderá el tiempo haciendo preguntas que se pueden responder fácilmente haciendo algunas investigaciones.

Piense en lo que desea saber acerca de una ocupación en particular y luego descubra las personas que pueden ser capaces de proporcionar ese tipo de información. Puede pedir a las organizaciones sus folletos y folletos para obtener información adicional. La biblioteca de la universidad también puede ser útil para este propósito.

Programar la entrevista

Puede ponerse en contacto con la persona a la que desea entrevistar de varias maneras diferentes. Puede enviar una carta o un correo electrónico, hacer una llamada telefónica o reunirse con la persona personalmente. Incluso puedes pedirle a un conocido del entrevistado que te consiga una cita.

Carta o correo electrónico

Puede escribir un correo electrónico o una carta introductoria similar a una carta de presentación que no incluya un tono de trabajo. Se puede escribir o imprimir cuidadosamente. Debe incluir:

- Una breve introducción sobre ti mismo

- Su propósito de escribir a la persona

- Una breve descripción de su interés o experiencia en el campo, la ubicación u organización de la persona

- ¿Por qué desea hablar con la persona

- Sea directo y diga que está buscando consejo e información

- Cuándo y cómo se pondrá en contacto con la persona de nuevo

Probar y guardar las copias de toda la correspondencia. Haga que sea un punto para ponerse en contacto con ellos de nuevo como se mencionó. Puede llamar a la persona por teléfono y obtener una cita. No esperes a que el posible entrevistado te llame por su cuenta. Si no puede ponerse en contacto con la persona, puede averiguar el momento más adecuado de la recepcionista y llamar de nuevo.

Teléfono o en persona

Las personas que participan en entrevistas informativas suelen retratar alrededor de veinte a treinta minutos para hablar sobre su experiencia profesional. Usted debe ser flexible acerca de la programación de la entrevista porque estos entrevistados tienen otros compromisos. En caso de que un entrevistado voluntario en particular esté demasiado ocupado, pregúntele cuándo puede llamar y discutir la concertación de una cita. Se pueden utilizar diferentes técnicas para solicitar una entrevista informativa. Algunos buenos enfoques son:

"Hola, soy tan y así. Estoy haciendo investigación profesional relacionada con su ocupación. Me gustaría reunirme con usted y hablar con usted durante unos treinta minutos para aprender más sobre este trabajo en particular"

"Hola, soy tan y así. Estoy estudiando en la universidad ABC. Encontré tu nombre en el directorio de la organización. Estoy interesado en algún día trabajar en una carrera similar a la tuya. Espero que pueda ayudarme a aprender más sobre las opciones de trabajo y carrera. Estaría encantado si pudiera ahorrar veinte a treinta minutos para una entrevista informativa.

Si desea pedir personalmente a la persona una cita pero no puede reunirse con él, puede utilizar los recepcionistas y otro personal de apoyo como un recurso para obtener información. Puedes hacerles tus preguntas porque pueden saber mucho sobre la empresa.

Es posible que puedan indicarle cómo funciona la empresa y los requisitos de trabajo y también nombrar a las personas clave. Usted debe explicarles lo que usted está buscando para que si sienten que otra persona es más adecuada para responder preguntas entonces, pueden referirlo a esa persona. Dejar claro que desea obtener información directa y estará encantado de escuchar cualquier información que tenga que compartir.

La mayoría de los posibles entrevistados están dispuestos a ahorrar veinte a treinta minutos para responder a su pregunta. Pueden estar listos para hablar por teléfono o conocerlo en su lugar de trabajo. Si se le da una opción entre los dos, elija tener la entrevista en el lugar de trabajo. Esto le permitirá aprender más y hacer una conexión más fuerte con ellos.

Las fases

Antes de la entrevista

Debe llamar a la persona el día antes de la entrevista para confirmar la cita. Si no está seguro de dónde se encuentra la oficina del entrevistado, puede preguntar en este momento. Planea llegar diez minutos antes de la entrevista.

Noventa por ciento de las ofertas de empleo no se anuncian. Es posible que aprenda sobre las vacantes de trabajo que no se encuentran en los periódicos u oficinas de empleo a través de una entrevista de este tipo, así que prepárese para que haga una gran impresión. Elige la ropa que usarías para una entrevista de trabajo habitual.

Durante la Entrevista

Toma un bolígrafo y un cuaderno: Finge ser un reportero. No es necesario anotar lo todo. Sin embargo, puede haber algunos números de teléfono, nombres y otra información que querrá recordar.

Tome una copia de su CV: Descubra qué cualidades y cualificaciones buscan los empleadores durante la contratación. Si la situación es apropiada, puede pedirle al entrevistado que revise su currículum.

Preséntate: Una vez que llegues, normalmente serás recibido por un empleado de recepción que te presentará al entrevistado. Cuando lo conozcas, agradécelo por tomarse el tiempo para hablar con usted. Una vez más, aclare que desea obtener más información sobre el campo profesional en particular de la persona. Adoptar un estilo informal de conversación durante el transcurso de la entrevista informativa.

Sea cortés y profesional: Mantenga una buena postura y contacto visual. Hacer comentarios positivos y ser ligero, pero profesional.

Muestre interés y sea entusiasta: Hable de una manera informal y muestre interés. Haga preguntas concisas y directas. Puede consultar la lista que ha preparado para realizar un seguimiento de sus preguntas, pero no frenar la discusión espontánea.

Comparte algunas cosas sobre ti mismo: Puedes compartir algunos hechos relacionados contigo mismo, pero recuerda que tu propósito principal es recopilar información y aprender tanto como sea posible sobre el campo en preparación para una carrera futura.

Muchas veces, las entrevistas informativas se convierten en entrevistas de trabajo. Si esto sucede, verifique que hay una vacante de trabajo y haga hincapié en sus habilidades y cómo están relacionadas con el trabajo en particular.

No pida un trabajo: No debe pedir ningún trabajo durante una entrevista informativa. Los empleadores están de acuerdo con una entrevista de este tipo sólo porque están seguros de que no se utilizará como una oportunidad para buscar un trabajo.

Si, en el transcurso de la entrevista, usted determina que es un buen trabajo para usted, espere hasta el día siguiente para hablar con el empleador. El siguiente, llame al empleador, dígale que la entrevista ayudó a confirmar su interés en esa carrera, y desea solicitar formalmente un puesto.

El entrevistado podría ofrecerle un trabajo o una pasantía. Hay muchos casos en los que los empleadores han ofrecido trabajo a las personas que han realizado tales entrevistas. Si es una buena oferta, acéptela.

Si solo solicita información, se le tratará de manera diferente a las personas que solo están interesadas en un trabajo. Acérquese al empleador buscando asesoramiento laboral en lugar de un trabajo real.

Manténgase en el camino correcto: No pierda el tiempo haciendo preguntas innecesarias.

Escúchalos: Escuchar es una parte muy importante de la comunicación. Además de hacer preguntas, debe escuchar atentamente. Muéstrales que lo que están diciendo es importante para ti.

Expande tu red de contactos: Esta entrevista es como una inversión. Pasatiempos con el entrevistado compartiendo información sobre ti mismo, haciendo preguntas y recibiendo consejos. Estás invirtiendo tu tiempo con él con la esperanza de ganar algo. Al pasar tiempo contigo, también espera ganar algo. Es una buena idea mantenerse en contacto entre sí después de que termine la entrevista para que ambos puedan seguir beneficiándose el uno del otro.

Incluso si el entrevistado no le ofrece un trabajo, puede ser capaz de referirlo a otros empleadores.

Pide referencias: Antes de irte, recuerda preguntar al entrevistado si conoce a otras personas que podrían estar dispuestas a hablar contigo. Pida permiso para usar su nombre cuando se ponga en contacto con posibles entrevistados.

Después de la entrevista

Gracias a la gente: Asegúrese de enviar una carta o tarjeta dentro de los tres días para agradecer a los entrevistados. Esto ayudará a mantenerse en contacto con ellos. Ellos que hablar con ellos ha sido muy útil y que usted está agradecido a ellos por tomarse el tiempo de su día para reunirse con usted. Para agregar un toque personal, puede incluir una cita que dijeron durante la entrevista. También puede pedirles que le envíen cualquier información que consideren útil para su carrera. Incluya su número de teléfono y dirección al final.

Grabar, analizar y evaluar: Después de la entrevista, recuerde anotar toda la información que ha recopilado. Esto incluye los nombres de posibles futuros entrevistados. Almacene toda la información para cuando la necesite. Será útil para usted cuando realice exploraciones más ocupacionales. Los empleadores generalmente están impresionados por actividades como esa. Puede ayudar a allanar el camino a su trabajo ideal.

Cuando evalúe la entrevista, debe preguntarse:

- ¿Qué es lo que ha aprendido de la entrevista (considere tanto los negativos como los positivos)?

- ¿Esta información que he recopilado coincide con mis intereses, valores, metas y habilidades?

- ¿Qué es lo que todavía tengo que averiguar?

- ¿Cuál debería ser mi plan de acción?

Conclusión

Hacer preguntas puede ayudarlo a aprender acerca de las oportunidades de trabajo no publicadas. Incluso si usted no adopta algún procedimiento formal, simplemente chatear con personas en el autobús o mientras espera en la fila puede conducir a oportunidades de trabajo desconocidas.

Preguntas formuladas en entrevistas informativas

Aquí hay una lista de preguntas que se pueden hacer durante las entrevistas informativas:

1. ¿Cómo se interesó en este campo en particular?

2. ¿Qué te llevó a tu trabajo actual?

3. ¿Cómo se aplican los conocimientos y habilidades que aprendió en la universidad a este trabajo?

4. Describa su día típico en este trabajo.

5. ¿Qué tendencias futuras ve para este campo profesional en particular?

6. ¿Cuál es su logro más satisfactorio en este trabajo?

7. ¿Qué buscan los empleadores en los candidatos que solicitan un trabajo en este campo?

8. ¿Qué es lo que más te gusta o menos de este trabajo?

9. ¿Qué puedo hacer ahora para prepararme para un trabajo similar después de graduarme?

10. ¿Qué consejo le gustaría dar a los estudiantes universitarios que están interesados en este campo profesional?

11. ¿Cuáles son las cosas que aprendiste acerca de este trabajo que no sabías cuando te graduaste?

12. ¿Qué técnicas de búsqueda de empleo sugeriría para aquellos que se han graduado recientemente?

13. ¿Qué debo buscar en un jefe al solicitar trabajos?

14. ¿Cuál es el camino "típico" de este campo profesional?

15. ¿Cómo se sienten los empleadores en este campo acerca de los empleados que tienen un título de artes liberales?

16. ¿Su organización participa en algún programa de pasantías? ¿Puedes hablarme de ellos?

17. ¿Qué son las experiencias de formación, las revistas comerciales o las asociaciones profesionales que pueden ayudar a los nuevos profesionales en este campo profesional?

18. ¿Puedo usarlo como contacto cuando empiezo a buscar un trabajo o una pasantía?

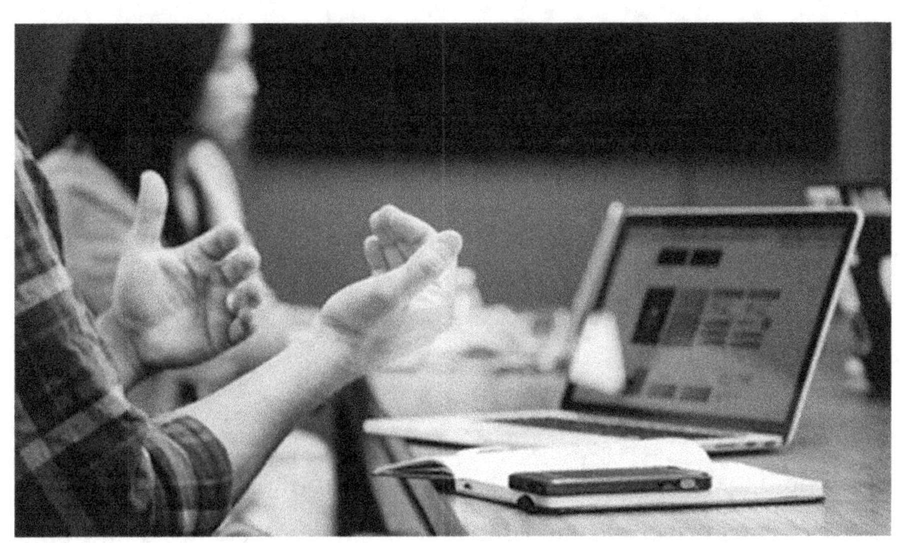

Capítulo 8

Segundas entrevistas

Felicidades! Hiciste una gran impresión durante la primera entrevista y ahora la compañía te ha invitado de vuelta para una segunda entrevista en su lugar de trabajo. Esto demuestra que la organización lo está considerando seriamente para el puesto. Casi has ganado el juego. ¿Qué debería hacer ahora? ¿Cómo debe aprovechar esta oportunidad para asegurarse de que se le ofrece el trabajo?

Propósito

Las segundas entrevistas tienen lugar en la etapa final del proceso de adquisición de empleo. En este momento, usted tiene un cincuenta por ciento de posibilidades de obtener una oferta. Hay varias razones por las que un empleador haría una segunda entrevista.

Para el empleador, el propósito es:

- Para averiguar si usted posee las cualidades específicas que están buscando

- Saber si eres adecuado para su organización

- Para ver cómo otros empleados de la empresa le responden

Para la persona que está buscando el trabajo, el propósito es:

- Para ver el lugar de trabajo

- Para conocer a las otras personas que trabajan en la empresa

- Para determinar si es el tipo de organización para la que desea trabajar

Tipos

La mayoría de las segundas entrevistas se pueden clasificar como estructuradas o no estructuradas.

Entrevistas estructuradas

En este tipo de entrevista, los entrevistadores utilizan criterios específicos para evaluar al candidato. Por ejemplo, un entrevistador podría hacer preguntas que buscan determinar la ética de trabajo, la capacidad de ventas o las habilidades técnicas de la persona. Otro entrevistador puede hacer preguntas sólo sobre la experiencia laboral y los antecedentes educativos del candidato.

Con el fin de hacerlo bien en estas entrevistas, usted debe identificar la habilidad o calidad particular que cada entrevistador está evaluando y centrarse en dar respuestas que se relacionen con esa área en particular.

Entrevistas no estructuradas

En este tipo de entrevista, los entrevistadores hacen una evaluación amplia y todos ellos pueden hacer preguntas similares.

Usted debe dar la misma importancia a la pregunta de cada entrevistador. No implique que sea aburrido responder a la misma pregunta de nuevo. Por ejemplo, varios entrevistadores pueden hacer la pregunta "¿Por qué deberíamos contratarte?" A pesar de que la pregunta se ha hecho antes, usted necesita proporcionar una respuesta diferente. Por ejemplo, cuando el supervisor hace esa pregunta, quiere saber si usted es capaz de trabajar eficientemente. Dale una respuesta que muestre confianza en tus habilidades laborales y tu dedicación para realizar las tareas. Cuando el presidente de la compañía hace la misma pregunta, puede estar tratando de determinar su capacidad de avance y retención, por lo que da una respuesta que se centra en esos puntos.

Para dar un buen rendimiento en este tipo de entrevista, es necesario identificar los objetivos del entrevistador y responder a las preguntas en consecuencia.

Las fases

Antes de la entrevista

Obtenga un itinerario de antemano: Descubra el horario del día y los nombres y títulos de los entrevistadores con antelación. Si es posible, trate de obtener información biográfica sobre las personas que lo entrevistarán. Para ello puede consultar los perfiles de personal publicados en los sitios web de algunas organizaciones. Esto le dará la oportunidad de considerar las metas del entrevistador relacionadas con sus responsabilidades.

Repase la primera entrevista: Refiérase a las notas que hizo después de la primera entrevista. ¿Qué objetivos quería cumplir el empleador? ¿Qué cualificaciones se buscaban? ¿Hubo algún problema en responder preguntas? Si es así, prepare sus respuestas para esas preguntas.

Investigue y obtenga información relevante: Puede pedirle al entrevistador que lo entrevistó en la ronda inicial que envíe información adicional sobre la organización, el trabajo, el departamento donde trabajará y cualquier otro detalle que desee revisión antes de su visita. También puede consultar los artículos disponibles en línea sobre la empresa.

Prepara tus preguntas: Esta es también una entrevista para que decidas si este es un trabajo que estás interesado en aceptar, así que haz preguntas para aprender más sobre la empresa y el puesto. Estos son algunos temas a tener en cuenta:

- Solicite una descripción completa del trabajo

- Pregunte quién va a supervisarlo

- Descubra lo que se espera que logre en los seis meses iniciales

- Infórmese sobre el apoyo al progreso profesional

- Pregunte cómo se mide el rendimiento de los empleados

- Conozca cómo la organización se ha visto afectada por las condiciones económicas

- Discutir los beneficios y el salario

Durante la Entrevista

Llegar a la entrevista diez a quince minutos antes. Debes ser entusiasta y vestido de una manera profesional. Haz que sea un punto para anotar puntos y anotar los títulos y nombres de las personas con las que hablas.

Los eventos sociales de carácter informal y las comidas a menudo forman parte de una segunda entrevista. Recuerde exhibir buenas habilidades de conversación y etiqueta de comedor en tales eventos porque son un componente de su entrevista y usted todavía está siendo evaluado.

Observe el entorno de trabajo y los demás empleados. Esto le dará una idea de la cultura corporativa de la organización. Le ayudará a decidir si el entorno de trabajo es uno en el que desea trabajar.

Descubra el siguiente paso en el proceso de contratación. Asegúrese de saber cuándo se le informará sobre la decisión. En caso de que se haga una oferta de trabajo verbal, también puede solicitar una oferta escrita. No acepte una oferta que se hace verbalmente en ese momento. En su lugar, deles una fecha para cuando les informe de su decisión sobre la aceptación del trabajo.

Después de la entrevista

Envíe notas o cartas a cada persona con la que habló durante la entrevista. Reitere su interés en el puesto y haga hincapié en las cualidades que tiene que beneficiarán a la organización. Si el empleador no responde dentro del plazo que le dio, llámelo. No se olvide de hablar con la persona que hizo los arreglos para la entrevista. Averigua tu condición de candidatura de él.

Sugerencias y consejos para segundas entrevistas

1. Practique ir a la ubicación de la entrevista antes de tiempo para que no se pierda el día de la entrevista

2. La segunda entrevista tendrá más de todo. En comparación con su primera entrevista, requerirá más preparación, involucrará a más personas y será más intenso. Se le harán más preguntas, y estará bajo más presión. Sin embargo, la mejor parte es que usted está un paso más cerca de conseguir el trabajo.

3. Usted debe preparar más y llevar a cabo investigaciones adicionales para la segunda entrevista. Si usted es un estudiante universitario, vea si algún ex alumno trabaja allí y

puede darle información adicional. Revisar las publicaciones comerciales y estar al día de la evolución de la industria o el campo en particular.

4. Descubre la agenda con antelación y sabe quién te entrevistará. Si esta información no se le da durante la configuración de la entrevista, puede ponerse en contacto con el asistente del entrevistador principal para obtener los detalles. Si un recorrido por el lugar de trabajo no se menciona en la agenda del día, puede preguntar si alguien puede llevarle si el tiempo lo permite.

5. Asegúrate de dormir temprano antes de un día tan agotador. Busca la oportunidad de rejuvenecer durante todo el día de la entrevista. Si hay un descanso, puede rejuvenecer salpicando su cara con agua o caminando enérgicamente. Lleve consigo un bolso o un aperitivo de bolsillo si no se proporciona el almuerzo. Es una buena idea llevar una pequeña botella de spray para respirar o enjuague bucal con usted. No se agote hacia el final de la entrevista. Mantenga su entusiasmo, confianza y energía durante todo el día.

6. Usted debe saber que hay una posibilidad de que se le pida que tome pruebas psicométricas que se ocupan de cosas como la personalidad, la inteligencia y las habilidades. No se puede hacer mucha preparación para ellos; sin embargo, dormir bien la noche anterior puede ser útil.

7. Recuerde que la razón principal por la que los empleadores realizan segundas entrevistas es para ver si usted está en forma con la cultura de la organización. Su objetivo es evaluar lo bien que puedes mezclarte e interactuar con los otros miembros del equipo con los que interactuarás todos los días.

8. Utilice sus habilidades de comunicación interpersonal para demostrar al empleador que usted es el adecuado para el lugar de trabajo. Tenga en cuenta que está bien si no siente que encaja con la cultura o el entorno porque eso puede ser una señal de que no estaría feliz trabajando allí. La entrevista es una oportunidad para que usted descubra si el trabajo le conviene o no y si todavía está interesado en aceptar el trabajo.

9. Puede esperar que algunas preguntas de la entrevista anterior se repitan aquí, pero es posible que también se le pregunten otras nuevas. Las preguntas probablemente serán diseñadas para revelar aspectos de su personalidad. También pueden centrarse en habilidades técnicas particulares. Planifique sus respuestas de tal manera que sean frescas y consistentes para cada persona que conozca en el transcurso de la entrevista. Puedes encontrar algunas cosas sobre cada entrevistador y personalizar tu respuesta a esa persona específicamente. También puede variar la forma en que entrega las respuestas para mantener sus respuestas frescas. Sin embargo, no tienes que preocuparte mucho por repetir lo que has dicho porque la audiencia será diferente cada vez.

10. Usted puede esperar que se le hacen preguntas de comportamiento. Estas preguntas generalmente se hacen en la segunda entrevista.

11. Escuche atentamente para entender lo que el entrevistador quiere ver en un candidato y qué problemas se espera que se le encargue.

12. Prepare una serie de preguntas para hacer durante la entrevista. Hay más oportunidad de hacer preguntas durante la segunda entrevista.

13. Trate de obtener tarjetas de visita de todas las personas que conoce. Mantenga un bloc de notas para escribir los nombres de aquellos que no pueden darle tarjetas de visita.

14. No se olvide de revisar su rendimiento de la primera entrevista. Preste atención a las situaciones o preguntas que fueron difíciles para usted. Planifique cómo los tratará durante la segunda entrevista. Recuérdese que debe haber hecho bien durante su primera entrevista desde que ha sido invitado de nuevo para una segunda entrevista. Piensa en las cosas impresionantes que hiciste en la entrevista anterior y en cómo puedes hacerlas de nuevo. Trate de pensar en nuevos logros y nuevos ejemplos que usar al responder preguntas.

15. No se sorprenda si su segunda entrevista consiste en una serie de entrevistas. Pueden ser en forma de entrevistas individuales, grupales o de panel. Es posible que tenga entrevistas con el gerente, el ejecutivo sénior, el jefe del

departamento y los posibles miembros del equipo. También puede ser llevado por el lugar de trabajo y luego sacó a almorzar. Para los estudiantes universitarios, una segunda entrevista puede ser la primera vez que son entrevistados en un lugar de trabajo Lleve copias de su currículum para entregarlas a las personas.

16. No olvide la regla principal para las entrevistas con panel: Al responder a una pregunta, debe mantener contacto visual, no sólo con el panelista cuya pregunta está respondiendo, sino también con los demás miembros del panel.

17. No te vuelvas negligente acerca de cómo te vistes para la entrevista. Las segundas entrevistas no son entrevistas casuales. Aunque el lugar de trabajo puede ser informal, debe vestirse adecuadamente para la entrevista hasta que se le contrate para el trabajo o se le diga que haga lo contrario.

18. No pierdas la oportunidad de hablar con otras personas además de las que te están entrevistando. Chatear con la recepcionista o los posibles compañeros de trabajo puede servir para dos propósitos. En primer lugar, puede darle una idea de cuánto le gustaría trabajar en el lugar. En segundo lugar, puede darte la oportunidad de impresionar a más gente.

19. No se sorprenda cuando el entrevistador hable de beneficios y salarios. Deberías prepararte de antemano para negociar. También se le puede preguntar si está dispuesto a trasladarse o viajar. Esté preparado con una respuesta.

20. No tenga prisa por aceptar una oferta hecha por el empleador. Pida un poco de tiempo para pensar en ello antes de tomar una decisión.

21. No olvides que tienes que enviar notas de agradecimiento o correos electrónicos a todas las personas que conociste. Usted ha recogido tarjetas de visita de ellos. Usa esas direcciones y agradece su tiempo. Puede escribir un mensaje básico y variarlo ligeramente para que sea único para cada persona.

Segundas entrevistas realizadas fuera de la ciudad

Cuando la segunda entrevista está en otro lugar, sus planes de viaje se pueden manejar de varias maneras diferentes. La organización puede hacer los arreglos para usted o pedirle que lo administre por su cuenta. En el primer caso, si tienes que llegar un día antes y alojarte en un hotel puedes preguntar qué gastos serán prepagados y cuáles serán reembolsados.

Asegúrese de obtener instrucciones claras para viajar desde el alojamiento a su empresa. Compruebe las opciones de estacionamiento si tiene la intención de conducir hasta el destino donde se va a realizar la entrevista.

Tome su licencia de conducir y tarjeta de crédito si planea alquilar un coche. Algunas agencias pueden tener restricciones relacionadas con la edad, así que llame de antemano y obtenga esta información.

Lleve consigo su tarjeta de crédito para encargarse de gastos inesperados y para gastos incidentales como propinas, peajes y taxis. La mayoría de los empleadores grandes reembolsan los gastos enviándole un cheque por correo, pero los empleadores más pequeños no soportan la carga de los gastos de viaje. Si la organización no le dice si cubrirá o no sus gastos, puede preguntarles al respecto con antelación. Mantenga todos los recibos y un registro de los gastos de viaje, incluyendo el alquiler de coches, hotel, peajes, comidas, propinas y taxis. Puede utilizarlos para reclamar el reembolso del empleador y para las deducciones fiscales.

Itinerario de muestra

Lunes 15 de enero

Llegada al HOTEL ABC - 6:45 pm

(Número de confirmación 275)

Cena con Junior y Senior Team Associates - 7:30 pm a 8:30 pm

Martes 16 de enero

Desayuno con el Jr. Team Associates - 7:30 am a 9:00 am

Pruebas, Director de Recursos Humanos - 9:00 am a 10:30 am

Vicepresidente de Marketing - 10:30 am a 11:15 am

Almuerzo (con varios representantes departamentales) - 11:30 am a 1:00 pm

Comité de Búsqueda - 1:00 pm a 2:00 pm

Sr. Team Associates - 2:00 pm a 3:00 pm

Director de Marketing - 3:00 pm a 4:00 pm

Envolverlo- Vicepresidente de Marketing - 4:00 pm

Etiqueta comedor

Es común tener una comida con otros profesionales durante una búsqueda de trabajo o una entrevista. Estos son algunos consejos que debes recordar al cenar durante una entrevista:

- Sea cortés y educado con todo el mundo, incluso el personal del restaurante.

- Deje que su empleador ordene primero si es posible, entonces usted puede pedir algo que sea similar en precio.

- La mejor opción es pedir alimentos que se pueden comer usando un tenedor y un cuchillo. Los alimentos con los dedos pueden ser desordenados, por lo que deben evitarse.

- No pida ninguna bebida alcohólica. Si su anfitrión pide alcohol, beba solo una pequeña cantidad. Sin embargo, no es obligatorio beber. No es profesional beber demasiado, y las consecuencias de beber demasiado pueden poner en peligro sus perspectivas profesionales.

- De acuerdo con la etiqueta de la tabla formal, usted debe comenzar por el uso de las piezas de platería más externas y trabajar hacia su plato.

- Para la configuración de la mesa, recuerde siempre BMW, o pan y luego comer y luego agua. Eso significa que debe mantener los alimentos sólidos o platos de pan a su izquierda, vasos para beber agua a su derecha y la comida en el centro o delante de usted.

- Espere a comer hasta que todos los demás hayan sido servidos y el anfitrión haya comenzado a comer.

- Coma la comida a un ritmo medio para que otros no tengan que esperar hasta que termines. Recuerda dar prioridad a la entrevista, no a la comida.

- Puedes mantener las manos en el regazo o poner la muñeca en el borde de la mesa antes o después de haber terminado de comer. No ponga los codos sobre la mesa mientras come.

- La platería usada no debe tocar la mesa de comedor. Debería estar en el plato.

- Si suelta su platería, escógelo si está al alcance y pide al servidor otro. Si no está al alcance de la mano, hále al servidor que lo ha quitado y que necesita otro.

- Si rompes o derramas algo por error, no hagas un alboroto. Si es un lío menor, límpialo con una servilleta. Dígale al camarero si es necesario

- Si vas a algún lugar durante una comida, pon tu servilleta en tu silla antes de salir. Sólo después de que todo el mundo haya terminado de comer y se vaya si pone su servilleta sucia al lado de su plato.

- No deje la mesa durante la comida a menos que sea una emergencia. Discúlpese si necesita irse o se enferma de repente. Discúlpate con el anfitrión más tarde.

- Si no te gusta algo o prefieres no comerlo, es aceptable decirlo; sin embargo, incluya un "gracias" con su respuesta.

- Llevar a casa sobras o pedir una bolsa para perros no es apropiado.

Capítulo 9

Entrevistas Técnicas

❀ ❙ ❀ ❙ ❀ ❙ ❀ ❙ ❀ ❙ ❀ ❙ ❀ ❙ ❀ ❙ ❀ ❙ ❀ ❙ ❀ ❙ ❀ ❙ ❀

La prueba las habilidades de codificación y resolución de problemas de un candidato y evalúan su personalidad. A diferencia de otras entrevistas, las entrevistas técnicas implican tareas y desafíos. Son similares a un examen y no incluyen sólo una sesión de preguntas y respuestas.

En tales entrevistas, usted no sólo habla de sus habilidades; los implementas y realmente haces el trabajo. Muchas personas tienen la impresión equivocada de que estas entrevistas están destinadas a desconcertar al candidato con rompecabezas, preguntas imposibles y acertijos. En lugar de esto, el objetivo de las entrevistas técnicas es determinar qué tan bien se puede hacer frente a los problemas del mundo real que podría encontrar en el trabajo.

Los fundamentos de las entrevistas técnicas

Entrevistar para trabajos de tecnología puede ser intimidante. Pero saber de antemano lo que se espera de ti y estar completamente preparado te permitirá participar en la entrevista con complementos.

Las entrevistas técnicas pueden diferir de una empresa a otra, pero generalmente tienen tres etapas.

Etapa 1: Examen técnico de llamadas telefónicas

Si a la compañía le gusta tu currículum, alguien te llamará para una breve entrevista telefónica. En esta etapa, los empleadores quieren ver si cumple con los requisitos y están entusiasmados de seguir adelante.

Etapa 2: Asignación o entrevista de codificación remota

En esta etapa, se espera que realice una prueba inicial y exhiba las habilidades de codificación requeridas antes de que se le pida que visite la empresa. El examen se puede hacer como un tipo de tarea de asignación o a través de Skype.

Etapa 3: Entrevista in situ o desafío de pizarra

Esta es la etapa final de la entrevista, y muchas personas consideran esta la entrevista real. Se lleva a cabo en persona. Se le pide que complete los desafíos de codificación en una pizarra en presencia de un entrevistador.

A continuación se muestran algunos ejemplos de etapas de entrevistas técnicas para empresas prominentes.:

Google: La entrevista inicial se realiza con Google Hangouts o por teléfono. La duración del tiempo es de 30 a 60 minutos. La entrevista in situ dura cuatro horas. Incluye cuatro entrevistas separadas.

Uber: La etapa de detección telefónica dura de 30 a 60 minutos. La etapa presencial es por un día completo. Consta de seis entrevistas.

Facebook: La primera pantalla técnica es de 30 a 50 minutos. La entrevista in situ es para un día completo.

Los entrevistadores

Es posible que tenga que hablar con diferentes personas dependiendo del tamaño de la empresa.

Start-up: Si se trata de una empresa emergente, es posible que los miembros del equipo de ingeniería, el CTO o el director técnico o el desarrollador principal de la empresa le entrevisten. Estas son las personas que poseen experiencia técnica. Si usted es contratado, pueden ser su jefe o compañeros de trabajo.

Empresa más grande: En las empresas más grandes, los miembros del personal del departamento de recursos humanos o del equipo de ingeniería pueden llevar a cabo la entrevista. Un reclutador de la empresa también puede hacer la entrevista. A menudo tienen menos conocimientos técnicos, y lo más probable es que no trabaje directamente con ellos si usted es contratado

A veces puede tener una serie de entrevistas con varias personas. Por ejemplo, puede participar en una entrevista de pizarra, una entrevista de cultura y una entrevista ejecutiva. Este último puede ser con un equipo técnico, un departamento de recursos humanos o un director técnico.

Puedes hacer algunas investigaciones sobre tus entrevistadores navegando por LinkedIn. Aprender acerca de sus entrevistadores puede ayudar a reducir su ansiedad. También puede parecer que tiene algo en común con ellos, como ser ex alumnos de la misma universidad o compartir los mismos intereses.

El atuendo

El entorno de trabajo para las empresas tecnológicas tiende a ser relajado e informal. Sin embargo, todavía es necesario vestirse de una manera inteligente para la entrevista. Usted puede optar por usar algo que es un nivel más alto que el código de vestimenta de la empresa. Por ejemplo, si a los empleados se les permite usar camisetas y jeans, puede optar por usar negocios informales.

Cosas que llevar contigo

No hay nada especial que necesite llevar consigo para entrevistas técnicas. Al igual que otras entrevistas, puede tomar un bloc de notas, un bolígrafo y copias de su currículum.

No es necesario que lleve muestras de codificación de un portátil con usted a menos que los entrevistadores le pidan que lo haga.

Cómo lidiar con las diversas etapas de la entrevista

A continuación se muestra una descripción de cada etapa y algunos consejos para ayudarle a tener éxito en cada etapa.

Detección telefónica

Si el empleador está impresionado con su currículum, lo llamará por teléfono. Esta es una oportunidad para que pongas tu mejor pie hacia adelante. Puede mostrar su experiencia técnica hasta cierto punto, pero estas entrevistas telefónicas a menudo no están demasiado centradas en la tecnología. Es más importante mostrar entusiasmo al mismo tiempo que destaca sus habilidades de comunicación y trabajo en equipo.

Consejos:

- Sea entusiasta y positivo sobre el proyecto

- Conoce a tu público. Si estás siendo entrevistado por un reclutador que no tiene mucho conocimiento de programación, usa tus habilidades blandas para impresionarlo en lugar de ser demasiado técnico. Si un desarrollador de software le está entrevistando, utilice la oportunidad para mostrar sus conocimientos técnicos.

- Hable con el entrevistador de una manera honesta. Cuéntale sobre tus intereses y el tipo de proyectos en los que te gusta trabajar.

Lo que los entrevistadores buscan en un candidato:

- Entusiasmo

- Pasión por la tecnología o la codificación

- Habilidades de comunicación

Asignación o desafío de codificación remota

Varias empresas manejan esta etapa de diferentes maneras, y hay varias maneras de llevar a cabo el desafío.

Algunas empresas dan un desafío que se supervisa en tiempo real para probar qué tan bien se codifica. Esto se hace principalmente a través de una entrevista en video y un editor de código como Collabedit o CoderPad. Incluso Google Doc se puede utilizar para este propósito.

Otras empresas, en su mayoría start-ups, solo te piden que hagas una tarea de hogar dentro de un límite de tiempo fijo. El límite de tiempo es generalmente de 48 horas.

Las start-ups muy pequeñas no incluyen desafíos de codificación remota. En su lugar, realizan una entrevista in situ directamente después de la proyección telefónica.

Las grandes empresas, sin embargo, tienen un proceso de contratación más estructurado y los desafíos de uso durante el proceso de entrevista.

Consejos:

Durante un desafío de codificación supervisado en tiempo real, recuerde:

- Comunícate con el entrevistador y piensa en voz alta

- Diga "nosotros" en lugar de "yo" para convertirlo en un procedimiento colaborativo para que el entrevistador esté familiarizado con su capacidad para trabajar en equipo

- Más despacio y piensa. Muchos de estos desafíos no están cronometrados, así que dale al entrevistador la oportunidad de darte pistas.

Durante una asignación de codificación que se debe realizar en casa, recuerde:

- Tómese un tiempo y planifique el código antes de escribirlo

- Asegúrese de comprender completamente los requisitos e instrucciones. Antes de empezar, léelos varias veces. Léelos de nuevo cuando termines el trabajo. Compruebe que ha completado cada tarea o requisito.

Lo que los entrevistadores buscan en un candidato:
- Habilidades de codificación

- Habilidades para resolver problemas

- Habilidades de colaboración

Entrevista in situ - Desafío de pizarra

Esta es la parte más difícil de una entrevista de tecnología. Las pequeñas start-ups pueden tener menos entrevistas formales y es posible que ni siquiera tengan una pizarra para el ejercicio de codificación. Sin embargo, en las empresas más grandes este es un reto muy importante.

Consejos:

- Haga preguntas para aclarar los detalles antes de empezar a escribir el código. Su entrevista puede darle consejos antes de comenzar. También le permitirá comprender completamente la pregunta o el desafío.

- Piense en voz alta mientras escribe su código para que el entrevistador pueda entender su proceso de pensamiento. La prueba tiene como objetivo evaluar la resolución de problemas del candidato y las habilidades de comunicación, por lo que mientras que la resolución del problema es importante, es igual de importante que el entrevistador entienda su proceso de pensamiento.

- Hable con precisión y claridad

- Si te quedas atascado, mantén la calma, piensa en voz alta y trata de generar nuevas ideas.

Lo que los entrevistadores buscan en un candidato:
- Habilidades de codificación

- Pensamiento creativo

- Habilidades de comunicación

- La cultura encaja, o la capacidad de encajar con la cultura del lugar de trabajo

- Pensamiento analítico

- Buena recepción a los comentarios

- Capacidad para resolver los problemas de forma sistemática y estructurada

- Comprensión de un panorama más amplio

Después de la entrevista

No hay mucho que pueda hacer después de la entrevista, excepto esperar a escuchar de la compañía.

Consejos:

- Manténgase emocionalmente distante de todo el proceso. Prepárate para aceptar el rechazo.

- Si no te contratan, piensa en el proceso como práctica para futuras entrevistas que tendrán más éxito. Ahora tienes experiencia de primera mano con entrevistas técnicas y estarás mejor preparado para la próxima.

- Puede enviar breves notas de agradecimiento dentro de un día a todos los entrevistadores y personas con las que habló durante el transcurso de la entrevista.

- Si no tiene noticias de la empresa dentro de una semana, envíe un breve correo electrónico a su reclutador técnico o gerente potencial diciéndole acerca de su afán de unirse al trabajo y preguntando sobre los próximos pasos que se pueden tomar.

Cómo prepararse para la entrevista

Prepararse para entrevistas técnicas es tan importante como prepararse para otras entrevistas. No basta con pensar en respuestas inteligentes a preguntas como "¿Cuál consideras que es tu mayor debilidad?" Prepararse para entrevistas técnicas requiere invertir su tiempo en el proceso.

Hay algunas áreas de la entrevista donde tendrá que prepararse mucho antes de la fecha de la entrevista; sin embargo, otras cosas se pueden tratar más cerca de la entrevista.

A continuación se presentan algunos consejos de preparación para entrevistas técnicas.

1. Prepárese para dar una impresionante respuesta de treinta segundos a un minuto cuando se le pida que se describa a sí mismo.

Es importante estar preparado para discutir acerca de sus proyectos pasados, historial laboral y metas profesionales. Si la empresa tiene un largo proceso de entrevista, varios entrevistadores pueden pedirle que se describa a sí mismo cuando se conozcan por primera vez. Puedes usarlo como una oportunidad para demostrar tus habilidades blandas.

2. Estudiar los fundamentos importantes de la CS o la computación

Usted no necesita abarrotar como habría hecho para un examen universitario o universitario, pero es necesario reservar un poco de tiempo para estudiar áreas y conceptos clave. Asegúrese de practicar la solución de problemas similares a lo que se le podría pedir que resuelva durante la entrevista. No asuma que sólo porque usted tiene un título o certificación en el campo, usted todavía sabe lo que está haciendo. Usted no quiere presentarse a una entrevista y no puede completar la tarea.

3. Dominar al menos un lenguaje de programación muy bien

Debe especializarse en al menos un lenguaje de programación, preferiblemente Java, C++, Ruby, Go, C o Python. Por lo general, las empresas le permiten elegir el idioma con el que se siente más cómodo; sin embargo, estar cómodo en varios idiomas sólo le beneficiará en el futuro y puede impresionar a los empleadores.

4. Completar regularmente los desafíos de codificación

Comience a estudiar y prepararse temprano. Trate de resolver al menos dos o tres preguntas de codificación de práctica todos los días antes de la entrevista. Practique la codificación en papel o en una pizarra a mano sin usar un editor de código. También puede establecer una fecha límite para completar la tarea; esto le ayudará a familiarizarse con el trabajo bajo restricciones de tiempo. Trate de trabajar en un escenario que será similar a la entrevista real.

5. Comprender los fundamentos

En su mayor parte, los entrevistadores no te ponen a prueba en conceptos oscuros ni esperan que recites fórmulas complejas. Tienden a hacer preguntas abiertas como "Si una página experimenta problemas de rendimiento, ¿cómo se calcula el cuello de botella?" Tales preguntas evalúan su conocimiento de los conceptos fundamentales y también le dan la oportunidad de demostrar la profundidad de su comprensión. Al hacer estas preguntas, los entrevistadores pueden identificar a los candidatos que tienen la capacidad de hacer un trabajo más profundo.

6. Tener un proyecto relevante para discutir

Es una buena idea que los solicitantes de empleo tengan un proyecto que puedan mostrar en el transcurso de la entrevista. Esto le permitirá demostrar directamente sus habilidades sin tener que responder preguntas difíciles y abstractas.

Del mismo tiempo que debe personalizar una carta de presentación para que se ajuste a la empresa para la que desea trabajar, también debe personalizar o elegir un proyecto que sea relevante para el trabajo que desea que se le ofrezca. Debe ser tan complejo como el trabajo involucrado en el trabajo. Esto mostrará a los empleadores que puede realizar las tareas al mismo nivel que se requiere para el trabajo. Le ayudará a destacarse de otros candidatos.

7. Habilidades maestras de gestión del tiempo

Utilice el tiempo que tenga a su disposición de una manera eficaz. Si trabaja de manera eficiente y enfocada durante la preparación de su entrevista, su rendimiento será mejor en el día real de la entrevista técnica.

Ajuste el temporizador y la práctica respondiendo a los problemas en 30 a 45 minutos. Si hay algún inconveniente, piense en cómo puede explicar el problema y sugiera ideas para el siguiente paso.

8. Participar en entrevistas simuladas

Mientras se prepara para la entrevista, puede leer libros y completar los desafíos de codificación disponibles en línea. También puede participar en entrevistas preparatorias y codificación en vivo. Esto le ayudará a sentirse cómodo trabajando en el entorno de la entrevista real. También le permitirá pulir aún más sus habilidades. Además, practicar estas entrevistas con otras personas puede mejorar las habilidades blandas como la comunicación y el lenguaje corporal. Hay varios sitios que ofrecen entrevistas de práctica gratuitas

La práctica es la clave del éxito cuando se trata de entrevistas. Su actuación durante la segunda y tercera entrevista seguramente será mejor que la primera. Si usted toma un montón de entrevistas de práctica antes de la entrevista real, la entrevista real será su mejor.

9. Encuentra a un amigo o mentor de codificación

Trate de encontrar un compañero o amigo que tenga objetivos profesionales similares. Puede estudiar los conceptos de codificación juntos y practicar la resolución de problemas. Tomen turnos y entrevistense unos a otros. Esto también le ayudará a entender la perspectiva del entrevistador. De lo contrario, puedes reclutar a una persona para que te ayude a estudiar y practicar.

10. Elegir un procedimiento para deconstruir preguntas

Las entrevistas técnicas son difíciles, y no siempre tienes problemas que se puedan resolver de inmediato. Debe tener algún proceso confiable para deconstruir las preguntas. Planifique este procedimiento de antemano para que sea más fácil navegar por las preguntas difíciles durante la entrevista. PEDAC (comprender el problema, ejemplos o casos de prueba, estructura de datos, algoritmo y código) es un proceso que se recomienda para esto.

11. Nunca renuncie a la oportunidad de una entrevista

Incluso si usted es invitado a entrevistarse por una empresa que no le interesa, todavía acepte la oferta. Le dará la oportunidad de obtener más experiencia de primera mano durante las entrevistas de codificación, y se convertirá en un candidato más fuerte para otras entrevistas. Es una situación en la que todos ganan. El mejor resultado puede ser que usted conseguirá el trabajo. Si no consigues el trabajo, todavía tuviste la oportunidad de mejorar y prepararte para las entrevistas con las empresas para las que quieres trabajar.

12. Superar el síndrome del impostor

No es inusual sufrir de síndrome de impostor durante una entrevista. El síndrome del impostor ocurre cuando usted siente que no está calificado para el trabajo y no pertenece a la entrevista técnica. Esto es común cuando los candidatos subestiman sus habilidades y sobreestiman las habilidades de los demás.

Trata de cambiar tu actitud y piensa positivamente. En lugar de pensar que cada candidato es mejor que tú, trata de recordar que todos tienen puntos fuertes y débiles, incluyéndote a ti. Esté emocionado de tener la oportunidad de conocer a otros profesionales y aprender más sobre su campo.

Preguntas que puede hacer

Las entrevistas no son un proceso unilateral. Implican una interacción que permite que usted y el entrevistador aprendan el uno del otro.

Hacer preguntas pertinentes y mantener un buen flujo de conversación durante la entrevista hará que los entrevistadores se sientan cómodos y sean más propensos a recordarte.

Sin embargo, debe personalizar las preguntas para adaptarse a la situación concreta. Algunas preguntas significativas que usted puede hacer son:

- ¿Qué es lo que te gusta de trabajar en este lugar?

- ¿Qué herramientas, marcos y pila de tecnología se utilizan en su empresa?

- ¿Cuál es el proceso de desarrollo?

- ¿Cómo se prueba el código?

- ¿Hay oportunidades de formación o desarrollo profesional?

- ¿Cuál ha sido el proyecto más desafiante de la empresa?

Errores comunes para evitar

Es igualmente importante saber lo que no debe hacer para una entrevista técnica.

1. Falta de preparación

No vale la pena asistir a una entrevista de tecnología sin preparación suficiente.

2. Iniciar el trabajo de codificación sin pensarlo a través de

Usted puede estar entusiasmado con la solución de un problema, pero debe tomarse un tiempo para evaluar el problema. Haz un plan de juego antes de empezar. No comience inmediatamente, ya que esto puede crear problemas futuros. Tómese unos minutos para pensar en el procedimiento para resolver el problema.

3. No llevar a cabo una conversación

Recuerden que los entrevistadores también son seres humanos. Es importante interactuar y conectarse con ellos yendo más allá de simplemente responder a sus preguntas. Puede hacer preguntas, bromear y reír cuando sea apropiado. Quieres dejar al entrevistador con una opinión positiva de ti. Si usted no tiene la capacidad de mantener una buena conversación, trate de mejorar en esta área.

4. Ser opinado o demasiado arrogante

Generalmente la gente prefiere trabajar con gente humilde en lugar de gente arrogante que piensa que lo sabe todo. Si tienes menos experiencia que los que te rodean, muestra un afán por aprender.

Esto hará que sea más fácil para el empleador considerarlo para diferentes roles y proyectos.

No deberías decir que te gusta el trabajo X y no te gusta el trabajo Y. Esto demostrará que tiene una capacidad limitada para trabajar. En su lugar, puede mostrar su preferencia diciendo que ha disfrutado haciendo X recientemente, pero también posee alguna experiencia haciendo Y.

Temas a estudiar

Revise los siguientes temas al prepararse para las entrevistas de codificación:

Gráfico

- BFS - 1a búsqueda

- DFS - Profundidad 1a búsqueda

- Dijkstra - camino más corto - fuente a los vértices

- Floyd Warshall - ruta más corta - cada vértice a vértice

- Union Find - detectar el ciclo en un gráfico

- Prim

- Kruskal

- Puentes en un gráfico

- Clasificación topológica

- Boggle

Lista vinculada

- Inserción de nodo en la lista vinculada

- Eliminar una nota de la lista vinculada

- Comparar 2 cadenas que se representan como listas vinculadas

- Añadir 2 números representados por las Listas Vinculadas

- Combinar dos listas vinculadas en posiciones alternativas

Programación dinámica

- Editar distancia

- Formas de cubrir la distancia

- Partición mínima

- El camino más largo de una matriz

Clasificación y búsqueda

- Búsqueda binaria

- Clasificación de burbujas

- Clasificación de inserción

- Orden de fusión

- Ordenación del montón

- Ordenación rápida

- Búsqueda de interpolación

Árbol

- Árbol binario - encontrar la profundidad mínima

- Árbol binario - Invertir los niveles alternativos

Teoría del número

- Exponenciación modular

- Casco convexo

- Teorema de Lucas

- Tamiz segmentado

Manipulación de TBI

- Número mágico

- Suma de las diferencias de bits de todos los pares

- Intercambiar los bits pares e impares

- Gire los bits de un número

Cadena o matriz

- Invertir una matriz sin ningún efecto en caracteres especiales

- Todas las particiones palindrómicas que son posibles

Puede haber otros temas para los que también debe prepararse. Revise la descripción del trabajo para asegurarse de que está familiarizado con todo lo que puede necesitar saber.

Capítulo 10

Las Preguntas Más Populares Para Las Entrevistas de Trabajo en 2019

Las entrevistas incluyen una sesión de preguntas y respuestas para evaluar si un candidato es adecuado para el trabajo y puede contribuir al progreso de la empresa. Al responder a las preguntas en una entrevista, su objetivo debe ser resaltar sus habilidades y experiencia mientras explica por qué sería un activo para la empresa.

Ejemplo de respuestas y consejos

Pregunta:

Cuéntanos algo sobre ti.

Ejemplo de respuestas:

1. Como gerente de proyectos técnicos, tengo diez años de experiencia en muchas empresas multinacionales. Mientras trabajaba en mi trabajo más reciente, ayudé a desarrollar una plataforma de trading de clase mundial. Mi mayor activo es que puedo perseverar y trabajar pacientemente a través de todos los

obstáculos para lograr los objetivos del proyecto. En la actualidad, estoy buscando la oportunidad de utilizar mis habilidades técnicas y la experiencia en la resolución de problemas en una empresa de software como esta.

2. Soy ABC. Me gradué del MIT. Mi principal interés es el uso de habilidades analíticas para desarrollar productos de última generación en el dominio XYZ. Me gusta pasar mi tiempo libre haciendo trabajo voluntario en ONG. Esto me da la oportunidad de ayudar a la gente necesitada. Además de esto, me gusta viajar y me he unido al club de viajes XYZ para poder visitar y explorar varios lugares.

3. Soy un graduado de primer nivel de la universidad XYZ. He sido bien conocido en mi universidad como un organizador eficiente, ya que administré varios comités desde mi segundo año en la universidad. Me dedico a mi trabajo y no me detengo hasta que sea perfecto. Estoy seguro de que esta cualidad puede ayudarme a convertirme en un gran activo para esta empresa.

4. En los últimos años, he participado enormemente en el trabajo administrativo. Trabajar con computadoras ha sido mi pasión. He tenido la suerte de tener la oportunidad de trabajar en diferentes roles como un asistente de gerente, programador y analista de negocios. Tengo la capacidad de mantener buenas relaciones y construir relaciones con los clientes. Mi mayor fortaleza es prestar atención a los detalles.

5. En la actualidad trabajo como asistente para tres directivos ejecutivos y el consejero delegado de la empresa. Tengo doce años de experiencia como asistente ejecutivo de la compañía. He adquirido la capacidad de prever obstáculos y hacer planes alternativos de antemano. He sido un gran asistente ejecutivo porque soy capaz de trabajar de forma independiente y soy un auto iniciado. Esto les permite tener más tiempo para concentrarse en las cosas importantes que necesitan su atención personal.

De la descripción del trabajo se desprende claramente que necesita a alguien que sepa cómo manejar el ajetreado día de un ejecutivo. Debe tener la capacidad de abordar los problemas de forma proactiva. Puedo concentrarme en los detalles y tener la habilidad de organizar las cosas. Me aseguro de que haya un plan claro para cada día y que cada plan se comunique claramente.

Hacer:

- Deberías tratar de hablar de tus logros

- Hable sobre algún proyecto o trabajo que sea similar a los requisitos de trabajo

- Analice cómo ha llegado a un lugar particular en su vida profesional y es por eso que se siente que está en forma para el trabajo

- Al final se les puede decir que usted está interesado en tomar el trabajo y dar una razón para ello

- Utilice terminología específica mientras responde, como rápido, innovador, creativo y solucionador de problemas

No:

- Di las mismas cosas que ya has mencionado en el CV

- Haga una pregunta a cambio del entrevistador, como: "¿Qué es lo que le gustaría saber?" Esto suena grosero

- Compartir demasiada información personal

Pregunta:

¿Por qué están interesados en trabajar para nosotros?

Ejemplo de respuestas:

1. Siento que sería un privilegio trabajar para una empresa que tiene una reputación tan buena. Hice algunas investigaciones sobre sus productos y ver que se considera que es una de las mejores empresas de la industria. Las perspectivas de futuro para la empresa también son prometedoras e impresionantes. Estaré orgulloso de trabajar como miembro de su equipo XYZ. Mis antecedentes y habilidades encajan perfectamente en esta posición.

2. Su firma ganó un premio por hacer el maravilloso producto XYZ que ha ayudado a innumerables personas a mejorar su calidad de vida. Ese tipo de trabajo es donde siento que puedo poner mis habilidades a trabajar de la mejor manera posible me emocioné mucho cuando vi esta vacante de trabajo. Sé que su

firma tiene como objetivo proporcionar un excelente servicio. También creo en los mismos valores que su empresa. Siento que puedo ser un buen miembro de su equipo.

3. Visité su sitio web y quedé muy impresionado por sus opiniones de los empleados y el entorno del lugar de trabajo. Hoy en día es muy raro encontrar empresas donde los empleados están contentos y satisfechos con el entorno de trabajo. Es increíble ver lo orgullosos que están sus trabajadores sobre la empresa. Me encantaría formar parte de una empresa tan prestigiosa.

4. Su empresa ha sido clasificada como la organización más admirada durante varios años. Me gustaría ayudar a mantener ese ranking aportando mis habilidades a su equipo. Estoy emocionado de unirme a una organización tan estimada y trabajar en un entorno que produce productos de tan buena calidad y prioriza el servicio al cliente.

5. Realmente me relaciono bien con la misión de su empresa de ayudar a los estudiantes universitarios a pagar préstamos estudiantiles ya que yo también estaba en esa posición. Codiciaría la oportunidad de trabajar para una empresa que quiere hacer una diferencia en la vida de los estudiantes. Uno de mis requisitos al mirar a las empresas es que sus valores se alineen con los míos. También busco lugares con entornos de trabajo positivos. Su compañía realmente parece el ajuste perfecto para mí.

Hacer:

- Llevar a cabo una amplia investigación sobre la empresa y sus altos ejecutivos antes de la entrevista

- Encuentre la visión de la empresa y decida cómo podría contribuir a ella

- Exprese su deseo de trabajar para la empresa

- Demuestra que estás familiarizado con el modelo de negocio y los productos de la empresa

- Digamos que la empresa le ayudará a crecer profesionalmente

- Explicar cómo será mejor utilizar sus habilidades para beneficiar a la empresa

- Demostrar su confianza en la empresa y su servicio

Pregunta:

¿Crees que eres una persona exitosa?

Ejemplo de respuestas:

1. Si progreso constantemente, siento que tengo éxito. Me resulta emocionante implementar ideas novedosas. Si hay un resultado positivo, me considero exitoso. Sobre esta base puedo decir que tengo éxito porque a lo largo del pasado he sido capaz de progresar e implementar mis ideas.

2. Para mí el éxito significa alcanzar mis metas a largo y corto plazo. Regularmente me puse metas para mí y hago todo lo posible para alcanzar esas metas. Siento que he tenido éxito. No considero que mi éxito sea sólo un logro personal. Me gusta dar el debido crédito a las otras personas que también han contribuido a ello.

3. Siento que el éxito implica sobresalir en el rendimiento y sentirse cumplido. Si puedo proporcionar un servicio valioso a mi empresa y clientes, siento que he logrado algo. De mis trabajos anteriores puedo decir que he tenido éxito en este sentido.

4. Siento que tengo éxito si paso mi tiempo haciendo un trabajo que está cumpliendo y contribuye al progreso de la organización. Creo que somos los más exitosos cuando trabajamos en equipo, y he trabajado en varios equipos donde he logrado tanto éxito. Así que, sí, diría que tengo éxito.

5. Sí. Cuando estudiaba en la universidad, aprendí a establecerme metas y a trabajar para lograrlas. No permito que los obstáculos obstaculicen mi camino; en su lugar los uso para motivarme a esforzarme para esforzarme más. Puedo decir con orgullo que debido a esto he logrado la mayoría de mis metas.

Hacer:

Resuma los objetivos que tiene para su carrera

No:

Di cualquier cosa que te haga sonar egocéntrico

Pregunta:

¿Puede decirnos sus fortalezas y debilidades?

Ejemplo de respuestas:

1. Tengo la capacidad de cambiar el entorno de trabajo de uno negativo a uno positivo. También puedo ayudar a desarrollar un equipo cohesionado y de apoyo. Soy genial en la organización y tengo la capacidad de mantener varios proyectos en marcha y asegurarme de que se completen a tiempo. Estos son algunos de mis puntos fuertes.

   En cuanto a mis debilidades, puedo decir que me impaciento para hacer todo el trabajo rápidamente. Para superar esto, he hecho un punto para hacer una lista de las cosas que se deben hacer y priorizar diferentes tareas.

2. Puedo trabajar con cualquier grupo cómodamente. Poseo buenas habilidades de planificación y analíticas que me permiten presentar mi trabajo mucho antes de la fecha de vencimiento. Esa es definitivamente mi mayor fortaleza.

   Sin embargo, no soy bueno hablando y me siento nervioso cuando tengo que hablar frente a un grupo grande. Con el fin de superar esta debilidad, he estado dando presentaciones en papel a varios públicos.

3. He dominado varios lenguajes de programación como Java, AppleScript, C++ y HTML. He ayudado a dos empresas a generar más de cien por cien de ingresos excesivos a través de la eficiencia de la programación. Además de esto, tengo experiencia trabajando como líder de un tiempo de seis profesionales de TI. El equipo trabajó en algunas aplicaciones en línea populares. Estos son algunos de mis puntos fuertes.

   Mi debilidad si me callo durante las reuniones. Estoy tratando de superar esto y he estado compartiendo mis ideas en algunas pequeñas reuniones. Espero finalmente sentirme cómodo hablando durante reuniones de todos los tamaños.

4. Soy una persona muy motivada y no me detengo hasta que hago el trabajo. Valoro los recursos de la empresa y el tiempo de mis compañeros de trabajo. Mi objetivo es trabajar de tal manera que sea un activo en lugar de un pasivo. Estas son algunas de mis fortalezas que creo que son más relevantes.

   Mi debilidad es que a veces me obsesiono con la perfección. Estoy asistiendo a seminarios para aprender a tener un enfoque equilibrado.

5. Soy un hábil solucionador de problemas. De hecho, disfruto encontrando soluciones para diversos desafíos y sobresalgo en este trabajo. Es como arreglar un rompecabezas. El desarrollo de productos está asociado con la búsqueda de soluciones innovadoras para problemas desafiantes. Por eso elegí esta carrera.

Al principio, cuando comencé mi carrera, estaba demasiado entusiasmado con el trabajo. Tuve una debilidad en la que dije "sí" a las cosas cuando en realidad era necesario decir "no". En última instancia, tendría demasiado trabajo en mis manos y trabajaría por las noches e incluso los fines de semana. Esto fue tedioso y estresante. Afectó a la calidad de mi trabajo. Me di cuenta de que asumir una carga de trabajo excesiva era contraproducente. Por lo tanto, comencé a usar varias herramientas para la administración de cargas de trabajo.

Hacer:

- Pasa la mayor parte de tu tiempo centrándote en tus puntos fuertes

- Asegúrese de que sus fortalezas y debilidades no sean contradictorias

- Investigue el trabajo que ha solicitado para ver cómo se aplican sus fortalezas

- Comparte tus debilidades centrándote en cómo intentas superarlas. Esto demuestra que usted es consciente de sí mismo, y los empleadores generalmente están impresionados por tales rasgos.

- Mencionar las debilidades que pueden ser aceptables con respecto al trabajo en particular

No:

- Confunde tus intereses con tus fortalezas y tus aversiones con tus debilidades

- Deje de lado que está trabajando en mejorar sus debilidades

Pregunta:

¿Qué es lo que te motiva?

Ejemplo de respuestas:

1. Como persona estoy altamente orientada a los resultados. Lograr el resultado deseado es el factor motivador más importante para mí. Aunque a veces es agradable trabajar solo en mi propio proyecto, estoy muy motivado cuando trabajo con un equipo. Es emocionante trabajar con otros para lograr un objetivo común. Me siento motivado para asumir desafíos y conquistarlos con la ayuda de mis compañeros de equipo.

2. Básicamente, estoy motivado por mi capacidad para hacer un trabajo duro y ofrecer los mejores resultados. Sin embargo, los comentarios positivos y el reconocimiento que recibo por mis esfuerzos me animan y me motivan a hacer más trabajo.

3. Cuando se me da la responsabilidad de cualquier trabajo, me siento motivado. Quiero avanzar en esta carrera y asumir mayores grados de responsabilidad.

4. Hay muchas cosas que me motivan. Aspiro a ofrecer lo mejor de mí a mi empresa y a mis clientes. Esto me anima a poner un

esfuerzo extra para contribuir a la empresa y hacer felices a los clientes. Cuando mis esfuerzos son fructíferos, estoy motivado a seguir haciendo lo mismo.

Hacer:

- Dar una respuesta honesta, pero si el dinero es la motivación, sólo compartir eso como una última opción

- Mencione cosas como la satisfacción laboral, contribuir a los esfuerzos de un equipo, mejorar sus habilidades o lograr una meta

- Digamos que aspiras al desarrollo individual

- Digamos que estás emocionado de asumir nuevos desafíos

- Proporcione ejemplos específicos para respaldar sus respuestas

No:

- Diga que el miedo a la acción disciplinaria o algunas cosas materiales lo motivan

- Digamos que el dinero es tu mayor motivación

Pregunta:

¿Por qué deberías ser contratado?

Ejemplo de respuestas:

1. He estado trabajando como asistente de gerente de la empresa XYZ durante los últimos seis años. He adquirido algunas habilidades motivacionales fuertes durante este tiempo. Mis metodologías para alentar a los empleados a afrontar desafíos y cumplir con los plazos han ganado reconocimiento, y el año pasado me dieron un premio por mis habilidades gerenciales. Si me contratan, puedo utilizar estas excelentes estrategias y mis cualidades de liderazgo en beneficio de esta empresa.

2. Mi experiencia laboral y habilidades son una combinación perfecta para este trabajo. Poseo excelentes habilidades analíticas y la capacidad de resolver problemas. He utilizado con éxito estas habilidades en mis trabajos anteriores y he adquirido una gran cantidad de experiencia práctica. Soy un trabajador dedicado y tengo altos estándares de trabajo. Así que si me contratan, puedo ser un activo para su empresa.

3. Soy consciente de que la misión de la organización es adquirir la mayor clientela de la región y encabezar la lista de proveedores para el producto en particular. Poseo un excelente conocimiento del dominio y tengo un control sobre una amplia base de clientes. Por lo tanto, puedo contribuir al objetivo de la empresa. Si me contratan, tendré una gran oportunidad de asumir el reto de expandir este negocio.

4. Las asignaturas que he estudiado a nivel de grado me han dado todos los conocimientos básicos necesarios para este trabajo. Además, he trabajado con la empresa XYZ durante dos años.

Esto me ha proporcionado la oportunidad de poner en práctica mis conocimientos y me ha ayudado a pulir mis habilidades. Es casi como si me hubiera estado preparando para este trabajo desde el comienzo de mi carrera.

5. Siento que debido a mi experiencia laboral pasada, realmente puedo contribuir al éxito de la empresa. Mi dedicación al trabajo es un beneficio adicional que puedo ofrecer. Además, mi actitud hacia el trabajo y mis habilidades cumplen con los estándares de su empresa.

Hacer:

- Haga hincapié en su singularidad de una manera concisa

- Resalte sus habilidades, logros y fortalezas

- Dar un ejemplo para demostrar que usted es un aprendiz rápido

- Proporcione pruebas para mostrar cómo contribuyó al progreso de su empresa anterior

No:

- Di que te gusta el salario o la distancia de tu lugar de residencia

- Di que sólo necesitas un trabajo

- Dígale a la compañía cómo pueden ayudarle; decirle a la empresa cómo puede ayudarles

- Compara tus habilidades con otras

- Por lo general, cuando se hace esta pregunta los candidatos comienzan a comparar sus habilidades con los otros candidatos

Pregunta:

¿Qué espera lograr en los próximos cinco a diez años?

Ejemplo de respuestas:

1. En los próximos cinco a diez años, espero crecer con mi equipo y también desarrollar y utilizar nuevas habilidades que sean beneficiosas para la empresa. Esta posición es muy emocionante para mí. Puedo prever los desafíos que puedo enfrentar. Estoy deseando invertir al menos cinco años en el aprendizaje de todas las facetas del trabajo en aras del avance profesional.

2. Soy bastante flexible con otras personas y disfruto de varios roles de liderazgo. Me gusta mucho apoyar a los miembros de mi equipo y siempre hacer un esfuerzo por ser un buen ejemplo. Aunque mi primera prioridad y enfoque sería participar activamente en el puesto que he solicitado, estaré ansioso por asumir funciones de supervisión o de gestión en los próximos tres a cinco años.

3. Mi objetivo es hacer todo de la mejor manera posible. Estoy interesado en trabajar en una empresa donde haya cambios para mejorar mis habilidades, asumir proyectos interesantes y

trabajar con miembros del equipo de los que pueda aprender. Los empleados aquí son muy innovadores, así que me gustaría trabajar aquí y construir una carrera en los próximos cinco años.

4. En un plazo de cinco a diez años me gustaría convertirme en un experto en la materia y adquirir la capacidad de asesorar y formar a estudiantes y nuevos diseñadores. Me gustaría obtener una experiencia especializada para poder trabajar en grandes proyectos con los equipos involucrados en el diseño y marketing y contribuir al crecimiento de la empresa.

Hacer:

- Analice una trayectoria profesional práctica que provendría de seguir el trabajo que ha solicitado

- Haga hincapié en sus intereses y metas

- Estado en términos de logros y responsabilidades

- Trate de mencionar cosas que ofrecen beneficios a la empresa

- Exprese su interés en trabajar para la empresa durante mucho tiempo

No:

- Digamos que no sabes o no has pensado que muy por delante

- Demuestra que eres demasiado ambicioso; por ejemplo, usted no debe decir que desea convertirse en el CEO en los próximos cinco años

- Digamos que aspiras a asumir el papel del entrevistador o quieres asumir su trabajo en el futuro

- Hable sobre un plan personal como comprar un coche o ir de vacaciones largas

Pregunta:

¿Estás listo para viajar?

Respuesta de ejemplo:

Sí, me gusta mucho viajar. Estoy encantado de conocer gente nueva y adaptarme a nuevos entornos.

Pregunta:

¿Qué expectativas tiene con respecto al salario?

Respuesta de ejemplo:

En la actualidad no he pensado mucho en ello. Mi enfoque principal es saber lo que se requiere para este trabajo en particular.

Pregunta:

Cuéntanos algo sobre tu trabajo ideal.

Respuesta de ejemplo:

Un trabajo ideal para mí es el que me puede mantener ocupado y darme la oportunidad de hacer una contribución al éxito de la empresa.

Pregunta:

¿Qué experiencia laboral posee en este campo en particular?

Respuesta de ejemplo:

He construido una serie de sistemas que la gente utiliza con frecuencia. Algunos de los mejores de los que estoy más orgulloso son XYZ (mencione algunos notables que ha creado).

Pregunta:

¿Te consideras un buen compañero de equipo?

Respuesta de ejemplo:

Sí, definitivamente. Aunque puedo realizar tareas de forma independiente y necesito una supervisión mínima, cada líder quiere tenerme como miembro de su equipo. La razón de esto es que soy muy bueno en el trabajo colaborativo. Realizo las tareas de tal manera que cumplen o incluso superan las expectativas de mi jefe de equipo.

Pregunta:

Cuéntanos sobre tu filosofía de trabajo.

Respuesta de ejemplo:

Tengo una sola filosofía con respecto al trabajo: creo que cada pedazo de trabajo, no importa cuán grande o pequeño, debe ser completado de la manera correcta y a tiempo.

Pregunta:

¿Qué aprendiste de los errores de tus trabajos anteriores?

Respuesta de ejemplo:

Me enfrenté a un problema cuando estaba haciendo mi segundo trabajo. Desde entonces he aprendido que si hay una falta de coordinación en cualquier proyecto, la tarea más simple y fácil puede causar problemas. Así que hago un punto para coordinar las cosas y cuidar de todos los detalles.

Pregunta:

¿Cuál es tu estilo de gestión?

Respuesta de ejemplo:

Básicamente, mi estilo de gestión es espontáneo y flexible. Con el fin de asegurar que los objetivos se cumplan, repaso cuidadosamente todos los detalles y hago un plan detallado. Soy estricto en la implementación dentro de un plazo. Pero al mismo tiempo, permito algunas concesiones razonables.

Pregunta:

¿Estás listo para trabajar horas extras, por la noche o los fines de semana?

Respuesta de ejemplo:

En primer lugar, sé que hay una buena razón para pedir a los empleados que hagan el trabajo durante más horas, así que no tengo ninguna objeción a ello. Si algún esfuerzo extra puede resultar beneficioso para la organización, entonces estoy dispuesto a hacerlo.

Pregunta:

¿Qué planeas hacer en caso de que no te contraten para este trabajo?

Respuesta de ejemplo:

Soy muy optimista acerca de conseguir el trabajo. Pero en caso de que la decisión final no esté a mi favor y no consiga este trabajo codiciado, buscaré alguna otra oportunidad de trabajo y seguiré adelante.

Pregunta:

¿Cómo crees que puedes convertirte en un activo para esta empresa?

Respuesta de ejemplo:

Tengo habilidades sobresalientes relacionadas con XYZ. He ganado una serie de premios por trabajo excepcional en el campo. Los testimonios proporcionados por mis empleadores anteriores confirman mi aptitud para el trabajo. Además, puedo lidiar con la presión y trabajar con una supervisión mínima. Así que puedo convertirme fácilmente en un activo para esta empresa.

Pregunta:

Describa su capacidad para trabajar incluso bajo presión.

Respuesta de ejemplo:

Entiendo que el trabajo que he solicitado implica mucha presión. Pero no me desanima la presión; de hecho, actúa como un factor motivador para mí. Durante esos tiempos, me esfuerzo aún más para obtener grandes resultados.

Pregunta:

¿Qué te hace pensar que te irá bien en este trabajo?

Respuesta de ejemplo:

En primer lugar, este es mi trabajo de ensueño, así que naturalmente voy a dar mi mejor rendimiento. Confío en mi capacidad para ofrecer una salida de buena calidad. He desarrollado las habilidades necesarias para este trabajo y he adquirido mucha experiencia que me ayudará a hacerlo bien en este trabajo.

Pregunta:

Si tienes que contratar a alguien para este puesto, ¿qué vas a buscar en el candidato?

Respuesta de ejemplo:

Yo buscaría dos cosas que son necesarias para hacer un trabajo bien. En primer lugar, vería si el candidato posee la habilidad y la habilidad para realizar el trabajo. En segundo lugar, yo observaría si él tiene la actitud correcta hacia el trabajo. En ausencia de una actitud correcta, las habilidades no pueden lograr un resultado productivo.

Pregunta:

¿Cuál es el papel que generalmente juegas en cualquier equipo?

Respuesta de ejemplo:

Como trabajador de equipo soy muy versátil. Puedo ser un líder motivador, un asistente eficiente, un buen comunicador, un secretario confiable o cualquier otro papel para asegurar el éxito del equipo. Tengo una buena comprensión de los diferentes roles y puedo asumir el trabajo de cualquier papel cuando surge la necesidad.

Pregunta:

Cuéntanos sobre una decisión difícil

Respuesta de ejemplo:

Era necesario para mí tomar una decisión difícil cuando un conjunto de empleados de una empresa anterior protestaban contra algunos problemas. Tuve la opción de unirme a él o mantenerme alejado de él. Finalmente, me convertí en mediador. Ayudé a resolver el conflicto entre los trabajadores y el supervisor. Me alegro de haber tomado esa decisión. Ayudó a poner fin al conflicto y a establecer relaciones amistosas entre los trabajadores y sus personas de la tercera edad.

Pregunta:

¿Cuáles son las cualidades que buscas en tu jefe?

Respuesta de ejemplo:

Me gustaría que un individuo que se relacione conmigo, sea transparente y pueda tomar buenas decisiones para ser mi jefe. Además, si está desenfadado será aún mejor. Creo que es importante poder tener una relación amistosa con tu jefe. Amable pero profesional es mejor, en mi opinión.

Pregunta:

¿También ha solicitado trabajo en otras organizaciones?

Respuesta de ejemplo:

Sí. Estoy tratando de trabajar en otras empresas también, como XYZ. Pero mi máxima prioridad es trabajar en su empresa debido a su reputación estelar.

Pregunta:

¿Alguna vez tuviste que trabajar en una posición que odiabas?

Respuesta de ejemplo:

Una vez trabajé en un puesto que no coincidiera con mis cualificaciones y habilidades. Pero no era que odiara el trabajo. De hecho, estaba feliz de tomar el puesto porque me dio la oportunidad de aprender cosas nuevas y ganar más experiencia laboral en el campo. Creo que puedes aprender nuevas habilidades en cualquier posición, incluso si no sientes que la posición es la más adecuada para ti.

Pregunta:

Según sus colegas, ¿qué es lo que hace que sea difícil trabajar con usted?

Respuesta de ejemplo:

Creo que hablo muy en serio sobre el trabajo. Este rasgo hace que sea difícil para algunos de mis colegas trabajar conmigo. Entiendo que ser demasiado serio hace que el ambiente de trabajo sea tenso para los demás. Por lo tanto, asisto a seminarios de mejora de la personalidad que me ayudarán a adaptarme mejor con mis colegas. Ya he empezado a ver mejoras, y espero mejorar aún más.

Pregunta:

¿Prefieres ser temido o gustado por otros?

Respuesta de ejemplo:

No hay duda de que preferiría que la gente me gustara que temiera la gente. Sobre todo, deseo ordenar el respeto siendo más conocedor y considerado. Creo que una persona que tiene miedo no puede tener el verdadero respeto.

Pregunta:

Cuéntanos sobre una de tus sugerencias que se implementó con éxito en tu último trabajo.

Respuesta de ejemplo:

Había un problema relacionado con la coordinación del trabajo y la productividad mientras trabajaba en mi último trabajo. Sugerí que tuviéramos que celebrar reuniones entre el personal y la dirección con más frecuencia para que las cuestiones puedan debatirse a medida que se presenten y el trabajo pueda coordinarse de una mejor manera. La dirección implementó la idea, y hubo una notable mejora en la productividad general. Mi iniciativa fue apreciada por los empleadores.

Pregunta:

Descríbete a ti mismo.

Respuesta de ejemplo:

Como asistente, estoy comprometido con mi trabajo. Mantengo un registro de toda la información y planto proactivamente el siguiente paso de antemano. Mantengo eficientemente los documentos y el calendario para mi jefe. También soy un aprendiz rápido y uso las últimas técnicas y herramientas para ayudarme a realizar mi trabajo de una manera mejor y más eficaz. Estoy muy motivado para hacer contribuciones útiles y sugerencias a mi empresa y jefe.

Pregunta:

¿Qué tiene de único comparado con los demás?

Respuesta de ejemplo:

Yo diría que me destaque de los demás porque pasé cuatro años trabajando en el negocio del comercio minorista después de graduarme de XYZ con un MBA. Dado que tengo experiencia directa en el trato con las preguntas hechas por los compradores, sus quejas, y sus comentarios, sé exactamente lo que los clientes quieren. Sobre todo, he trabajado en persona con los consumidores e interactuado con ellos cara a cara para saber cómo crear experiencias positivas de los consumidores.

Consejos:

- Los empleadores piden esto para ver cómo usted está más calificado o un mejor ajuste para el trabajo en comparación con otros candidatos

- Al responder, trate de enfocarse en la forma en que será beneficioso para la empresa contratarlo

- Muestre cómo se ajusta adecuadamente hablando de sus antecedentes, calificaciones y rasgos

Pregunta:

¿Por qué estás interesado en este papel?

Respuesta de ejemplo:

Estoy motivado para alcanzar la excelencia en todo lo que hago porque quiero hacer algo para mejorar la calidad de vida de los pacientes, así como de sus familias. Siempre estoy ansioso por ver su reacción gozosa cuando se hace algo para traer un cambio positivo en sus vidas.

Por ejemplo, el año pasado tratamos a un niño de ocho años que estaba perdiendo peso rápidamente y estaba empezando a mostrar signos de depresión. Anteriormente, había sido un niño feliz que disfrutaba de pasar tiempo con su familia y amigos, pero recientemente se había desinteresado y desenganchado de su vida. Descubrimos que en realidad sufría de hipotiroidismo que, como saben, puede ser controlado con medicamentos. Rápidamente le recetamos la medicación, y en última instancia el niño respondió a las medicinas y una vez más se convirtió en un niño alegre que amaba la vida. Fue gratificante ver a los padres tan felices.

Esta es la razón por la que he decidido seguir la carrera de una enfermera.

Consejos:

- Los gerentes de contratación hacen esta pregunta para ver si usted sabe qué trabajo está involucrado en el trabajo

- Esta es una oportunidad para que usted resalte las habilidades relevantes que usted posee

- Elige enfocarte en algunas cosas específicas en las que sobresalgas o disfrutes

Pregunta:

¿Qué es lo que te apasiona?

Respuesta de ejemplo:

Soy un profesional orientado al servicio y experimentado que ha trabajado en elegantes salones boutique durante más de una década. Me apasiona crear el mejor ambiente para dar la bienvenida a los clientes y ofrecer excelentes servicios de cuidado de la piel. Poseo buenas habilidades interpersonales y he tomado una formación especial en el campo que me ha ayudado a desarrollar relaciones a largo plazo con mis clientes. Algunos de los clientes han estado allí desde el momento en que empecé a trabajar allí, hace unos doce años. Es debido a estas relaciones que me siento emocionado y espero trabajar cada día.

Consejos:

- Los empleadores quieren saber qué le impulsa a trabajar

- Selecciona algo que te apasiona

- Explica tu pasión y muestra ejemplos de cómo la persigues

- Mostrar cómo se puede relacionar con el trabajo en particular

Pregunta:

¿Por qué quieres dejar tu trabajo actual?

Respuesta de ejemplo:

Una de las principales razones por las que elegí las ventas como carrera es que quiero construir relaciones duraderas con mis clientes. Siempre estoy en la búsqueda de empleos que ofrezcan la oportunidad de construir nuevas relaciones. En mi trabajo actual no tengo tiempo suficiente para construir una relación con los clientes, ya que hay un ciclo de ventas corto. Así que estoy planeando unirme a una organización donde se le da la máxima prioridad.

Consejos:

- No se centre en ningún aspecto negativo de su trabajo actual

- Hable sobre el futuro y las cosas que espera lograr en el próximo trabajo

Pregunta:

¿Qué metas tienes para tu futuro?

Respuesta de ejemplo:

Mi objetivo es desarrollar experiencia en marketing y habilidades de liderazgo en los próximos años. Una de las principales razones por las que estoy deseando trabajar en una empresa emergente que está creciendo rápidamente es que tendré la oportunidad de asumir varias responsabilidades y trabajar en colaboración con varios departamentos. Espero que esta experiencia laboral me permita alcanzar mi objetivo de convertirme en el líder de algún departamento de marketing en el futuro.

Consejos:

- Los gerentes de contratación hacen esta pregunta para ver si usted está interesado en trabajar para su empresa por un largo período de tiempo

- Puede revelar sus ambiciones y planes futuros

- También se puede utilizar para evaluar qué tan bien planea de antemano.

Pregunta:

Cuéntanos sobre alguna situación difícil en el trabajo y la forma en que trataste con ella.

Respuesta de ejemplo:

Mi jefe se había ido de vacaciones cuando el cliente mejor pagado de nuestra empresa dijo que nos iba a dejar porque no recibió el servicio personalizado que se le prometió. Era una situación muy difícil que había recortado de repente. Sin embargo, sabía que alguien tenía que manejarlo, y como mi jefe no estaba allí, decidí que yo sería el que tomaría el control de la situación. Llamé al cliente durante la hora del almuerzo y hablé con él sobre sus preocupaciones. Debido a esto, pudimos abordar cada una de sus preocupaciones. Dijo que estaba agradecido por todo el tiempo y la atención personal que se le dio. Estaba tan obligado que llegó a la medida de hacer un pago por adelantado para un nuevo pedido a granel.

Consejos:

- Esta pregunta evalúa su capacidad para trabajar bien bajo presión

- También busca evaluar su capacidad para resolver problemas

- Utilice esto como una oportunidad para mostrar sus cualidades humanas y su disposición a hacer un esfuerzo extra sin que se le diga que lo haga

- Las historias se recuerdan más que las cifras y los hechos, así que usa un ejemplo de tu vida al responder a esta pregunta

Pregunta:

¿Qué es lo que menos te gustó del trabajo anterior en el que trabajaste?

Respuesta de ejemplo:

Aunque disfruté trabajando y aprendiendo en mi trabajo anterior, no tuve la oportunidad de progresar profesionalmente. Entiendo que su organización ofrece oportunidades de avance profesional a los gerentes. Por lo tanto, estoy emocionado de hablar sobre esta oportunidad de trabajo.

Pregunta:

¿Qué es lo que más te gustó del trabajo anterior en el que trabajaste?

Respuesta de ejemplo:

Lo mejor del trabajo anterior es que a cada persona se le permitió contribuir al equipo. Se pidió a cada miembro que diera sugerencias para el proyecto, y se respetaron las ideas de todos y se tuvieron debidamente en cuenta.

Por ejemplo, una vez que tuvimos que resolver un problema para un cliente. Nuestro equipo discutió el tema y pidió sugerencias. Se consideraron las ventajas y desventajas del plan que sugerí. Se refinó aún más y se hizo más completo. Luego se implementó. Resultó ser la mejor solución, y el cliente estaba muy contento. El cliente se convirtió en uno de nuestros clientes habituales después de eso.

Conclusion

Haz la Entrevista y Logra el Objetivo

U na entrevista es quizás la parte más importante del proceso de contratación, por lo que se necesita mucha preparación antes de sentarse a la entrevista. Para tener éxito, debe destacarse de los otros candidatos que están buscando el mismo puesto. Cuando solicites un trabajo, piensa en lo que te interesa y en las habilidades que puedes usar.

Su lista de verificación de entrevistas

Deberías hacer una lista de verificación para hacer la entrevista de trabajo. Utilice la lista de comprobación para asegurarse de completar cada paso. Esto garantiza que no omita ningún paso que sea vital para su éxito durante la entrevista de trabajo.

Cosas que hacer antes de la entrevista:

- Conocer las habilidades, habilidades y cualificaciones relevantes

- Conozca qué partes de su educación e historial laboral desea enfatizar

- Sepa por qué está interesado en el trabajo y sea capaz de explicar claramente su razonamiento.

- Investigue la historia, la estructura, el tamaño, los servicios y los productos de la empresa

- Investigue el puesto incluyendo las calificaciones, posibles trayectorias profesionales, responsabilidades y rango salarial

- Practicar la respuesta a posibles preguntas

- Identifique por qué debe ser contratado y conozca sus fortalezas y debilidades

- Identificar qué experiencias y habilidades son más relevantes

- Anote las preguntas que desea hacerle al entrevistador

- Prepare varias copias de su CURRÍCULUM y lista de referencia

- Tome un bloc de notas y un bolígrafo

- Elige y plancha tu ropa

- Pulir sus zapatos si es necesario

- Peina tu cabello de una manera ordenada y profesional

- Saber cómo llegar a la ubicación de la entrevista

- Sepa dónde puede aparcar su vehículo

- Lleve dinero con usted para el estacionamiento, los peajes y el almuerzo

Cosas que se deben hacer después de la entrevista

- Envíe una carta, correo electrónico o tarjeta para agradecer a cada persona que participó en la entrevista

- Anote los puntos sobre la empresa, el puesto y las personas con las que puede trabajar

- Piensa en lo que querrías hacer de manera diferente en la próxima entrevista

- Considere si todavía está interesado en el puesto

Oferta de empleo

Después de pasar la entrevista con éxito y el empleador decide contratarlo, se le envía una oferta de trabajo formal. Una oferta de trabajo típica puede comprender lo siguiente:

Su nombre, el nombre de la organización que emplea

La fecha en que se realiza la oferta

Título del trabajo y departamento

El salario

El monto de la notificación anticipada que necesita cualquiera de las partes al finalizar el contrato

La fecha de inicio del empleo

También podría incluir otras condiciones de empleo como:

Número de horas de trabajo

Derecho de vacaciones

Manual del empleado.

Información sobre el plan de pensiones, revisiones salariales y bonificaciones

Beneficios como los vehículos de la empresa y los seguros

Detalles relacionados con el período de prueba

Puede haber algunos requisitos tales como:

La oferta debe ser aceptada dentro de un cierto plazo

Examen médico completado

Prueba de algún grado específico

Comentarios positivos de referencias

Debe conservar esta carta de forma segura, ya que la oferta constituye la primera mitad del contrato de trabajo. Pida aclaraciones si algo no está claro para usted o no se ha incluido en la carta. Si tiene alguna inquietud sobre el trabajo, puede reunirse con un asesor de carrera.

Cómo tomar una decisión

- Al intentar decidir si desea aceptar una oferta, tenga en cuenta estos factores:

- Los requisitos de trabajo

- La organización o empresa que ofrece el trabajo

- La ubicación del lugar de trabajo y la distancia de su residencia

- Condiciones del lugar de trabajo

- La carga de trabajo y el salario

- Requisitos de formación

- Perspectivas para el desarrollo profesional

- Sus valores y requisitos personales

Si está comparando varias ofertas de trabajo, anote todas las ventajas y desventajas de cada trabajo y luego tome su decisión.

Sin embargo, debe tener en cuenta varias cosas al tratar de decidir qué hacer.

Los trabajos no están disponibles en abundancia. Es mejor aceptar algún tipo de trabajo para que pueda ganar dinero y ganar experiencia tan pronto como sea posible. No rechaces un trabajo sólo porque no es lo que siempre has querido hacer.

Rara vez la gente encuentra un trabajo de ensueño desde el principio. A menudo toma un tiempo encontrar un trabajo que realmente estás emocionado de aceptar. No dejes que eso te disuade de aceptar un trabajo así. Siempre tendrás la opción de dejar tu trabajo actual y buscar uno nuevo.

Cada trabajo tiene el potencial de abrir puertas para varias opciones de carrera. Cualquier trabajo puede enseñarte nuevas habilidades y presentarte a personas que pueden ayudarte a avanzar en tu carrera en el futuro. Tenga cuidado de no descontar un trabajo sólo porque no vea cómo puede ayudarle a alcanzar sus metas futuras.

Si acepta el trabajo y luego encuentra problemas, puede reunirse con su supervisor o departamento de recursos humanos para tratar de encontrar una solución. Si no hay solución, puede dar aviso y salir. No hay necesidad de seguir trabajando en un trabajo donde usted es infeliz. No le beneficiará a usted ni a la empresa.

Aceptar una oferta

Si decide aceptar la oferta, llame a la empresa para informarles y luego enviar una respuesta por escrito dentro del plazo establecido. La oferta puede tener una copia o formulario adjunto para que usted firme y devuelva. Si no hay forma, puede escribir una carta de aceptación y enviarla a la persona que le envió la oferta de trabajo. Indique que acepta todas las condiciones y términos de empleo como se describe en la oferta.

Su respuesta forma la segunda parte del contrato de trabajo, por lo que debe guardar una copia con usted y ponerla en un lugar seguro junto con la carta de oferta de trabajo.

Después de que se confirme que ha sido empleado, debe retirar sus solicitudes para otros trabajos, rechazar invitaciones para otras entrevistas de trabajo y rechazar las ofertas hechas por otras empresas.

Rechazar una oferta

Debes pensar cuidadosamente antes de decidir rechazar una oferta de trabajo. Si, después de pensarlo debidamente y considerar todos los pros y los contras, usted todavía siente que debe rechazar la oferta, entonces usted puede responder escribiendo una carta a la persona que le envió la oferta. Deberías agradecerle y exponer brevemente las razones por las que no lo aceptas.

Debe responder rápidamente. Esto permitirá al empleador ofrecerlo a otro candidato. A pesar de que está rechazando la oferta, desea dejar al empleador con una buena impresión de usted en caso de que decida trabajar para esa empresa en el futuro.

Independientemente de si acepta o no el trabajo, pasar por el proceso de solicitud solo le beneficiará. Cuanto más practiques, mejor te convertirás, y practicar tus habilidades de entrevista solo mejorará tus perspectivas futuras.

Confucio ha dicho con razón: "Elige un trabajo que ames, y nunca tendrás que trabajar un día en tu vida".

Lo mejor de la suerte.

Bibliografía

1. Universidad Estatal de Bowie. (n.d.). Guía de entrevistas.
   Obtenido de
   https://www.bowiestate.edu/files/resources/interview-guide.pdf

2. Bradford, L. (2018, 29 de junio). La guía definitiva para realizar
   su entrevista técnica. Obtenido de
   https://learntocodewith.me/posts/technical-interview/

3. Guru de carrera. (n.d.). 50 Preguntas y respuestas más comunes
   de la entrevista en la ronda de recursos humanos. Obtenido de
   https://career.guru99.com/how-to-answer-50-most-common-
   interview-questions/

4. Doyle, A. (actualizado en 2019, 8 de febrero). Las mejores
   preguntas para hacer en una entrevista de trabajo. Obtenido de
   https://www.thebalancecareers.com/questions-to-ask-in-a-job-
   interview-2061205

5. Doyle, A. (actualizado en 2019, 25 de febrero). Preguntas que
   nunca debe hacer en una entrevista. Obtenido de
   https://www.thebalancecareers.com/questions-not-to-ask-an-
   employer-during-a-job-interview-2061107

6. DVC. (n.d.). Asesoramiento para responder 50 preguntas
   comunes de entrevista. Obtenido de
   https://www.dvc.edu/enrollment/career-

employment/employment-services/pdfs/50-Common-Interview-Questions.pdf

7. Eilers, C. (2019, 3 de enero). Método STAR para hacer preguntas de entrevistas conductuales. Obtenido de https://zety.com/blog/star-method-interview

8. Ford, L. (n.d.). Tipos de entrevistas de trabajo. Obtenido de http://www.jvs.org/Downloads/interview%20prep%20materials .pdf

9. Geeks para Geeks. (n.d.). Top 10 algoritmos en preguntas de entrevista. Obtenido de https://www.geeksforgeeks.org/top-10-algorithms-in-interview-questions/

10. Hudson. (n.d.). Preguntas y respuestas de entrevistas conductuales. Obtenido de https://au.hudson.com/insights/articles/detail/behavioural-interview-questions-and-answers

11. De hecho guía de carrera. (n.d.). Las 18 preguntas y respuestas comunes de la entrevista. Obtenido de https://www.indeed.com/career-advice/interviewing/top-interview-questions-and-answers

12. De hecho guía de carrera. (n.d.). 21 Consejos para entrevistas de trabajo: Cómo hacer una gran impresión. Obtenido de https://www.indeed.com/career-advice/interviewing/job-interview-tips-how-to-make-a-great-impression

13. Morgan Rutherford Associates. (n.d.). Consejos para entrevistas. Obtenido de https://www.mra.uk.com/js/plugins/filemanager/files/Interview _Tips.pdf

14. Phan, L.L. (2018, 26 de septiembre). 26 Preguntas y respuestas más comunes de la entrevista. Obtenido de https://transparency.kununu.com/most-common-interview-questions-and-answers-free-pdf-download/

15. Método estrella pdf. (n.d.). ¿Cuál es el método STAR para responder preguntas difíciles de entrevista. Obtenido de http://www.idemployee.id.tue.nl/g.w.m.rauterberg/jobs/star-method.pdf

16. La Universidad de Kansas. (2011). Preparación para entrevistas de trabajo. Una guía útil para entrar en el mercado laboral. https://career.ku.edu/sites/career.ku.edu/files/files/jobsearch/Interview_Guide_Accessible.pdf

17. Centro de Carrera de la USC. (n.d.). La entrevista - Diferentes tipos. Obtenido de https://careersapps.usc.edu/docs/handouts/Interview_Different_Types.pdf

www.ingramcontent.com/pod-product-compliance
Lightning Source LLC
Chambersburg PA
CBHW072227150726
48002CB00005B/1965